王军 编著

绕着地球跑一圈
博物馆之旅

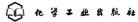

化学工业出版社

·北京·

图书在版编目（CIP）数据

绕着地球跑一圈．博物馆之旅/王军编著．—北京：
化学工业出版社，2018.10（2022.5重印）
ISBN 978-7-122-32740-6

Ⅰ.①绕… Ⅱ.①王… Ⅲ.①博物馆－世界－少儿
读物 Ⅳ.① K91-49 ② G269.1-49

中国版本图书馆 CIP 数据核字（2018）第 168504 号

部分图片提供：123RF、微图网、东方 IC、任俊江

责任编辑：李　辉	文字编辑：李　曦
责任校对：宋　夏	装帧设计：尹琳琳

出版发行：化学工业出版社（北京市东城区青年湖南街13号　邮政编码100011）
印　　装：天津图文方嘉印刷有限公司
850mm×1168mm　1/20　印张10　2022年5月北京第1版第2次印刷

购书咨询：010-64518888　　售后服务：010-64518899
网　　址：http://www.cip.com.cn
凡购买本书，如有缺损质量问题，本社销售中心负责调换。

定　　价：99.00元　　　　　　　　　　　　　　　　　　　版权所有　违者必究

前言 PREFACE

想不想去法国的卢浮宫、英国的大英博物馆、俄罗斯的艾尔米塔什博物馆、中国的故宫博物院、美国的大都会博物馆里感受艺术？想不想再到世界上著名的自然博物馆、科技博物馆、历史博物馆、军事博物馆，甚至超好玩的趣味博物馆里跑一圈？相信你的答案肯定是YES。但是全球的博物馆瀚如烟海，分散各地，怎样足不出户就能领略到以上所有博物馆的奇妙？

《绕着地球跑一圈 博物馆之旅》一书将带你走遍世界各地，只为找寻那些值得一看的博物馆。在这里，你不仅能将那些感兴趣的博物馆的地理位置、建馆年代、藏品数量、展馆设计、展厅设置、著名典藏了如指掌，还可以了解到博物馆创建的来龙去脉和镇馆之宝呢！书中丰富精美的实景图片更能让你犹如身临其境，徜徉在博物馆的大门口、展厅里、藏品前，直观感受它们带给你的视觉上的强烈冲击。

相信在阅读本书之后，你就会知道凡高有哪些著名画作，三角龙骨架化石是什么样的，古埃及法老的黄金面具出自哪里，亚洲地区最大的科学影城是哪家，巴黎荣军院有什么历史，信不信由你博物馆里到底有哪些不可思议的收藏……快快开始你的阅读之旅吧！

目录

艺术博物馆

卢浮宫——法国 /2
蓬皮杜国家艺术文化中心——法国 /8
奥赛博物馆——法国 /10
大英博物馆——英国 /12
维多利亚皇家博物馆——英国 /18
泰特现代美术馆——英国 /20
乌菲兹美术馆——意大利 /22
普拉多博物馆——西班牙 /26
凡高美术馆——荷兰 /30
梵蒂冈博物馆——梵蒂冈 /32
艾尔米塔什博物馆——俄罗斯 /38
故宫博物院——中国 /44
台北"故宫博物院"——中国 /50
印度国家博物馆——印度 /54
大都会艺术博物馆——美国 /56
纽约现代艺术博物馆——美国 /60

自然博物馆

森根堡自然博物馆——德国　/64
英国自然历史博物馆——英国　/68
法国国家自然历史博物馆——法国　/74
瑞典国家自然历史博物馆——瑞典　/78
维也纳自然史博物馆——奥地利　/80
澳大利亚博物馆——澳大利亚　/82
美国自然历史博物馆——美国　/84
华盛顿国家自然历史博物馆——美国　/90

科技博物馆

伦敦科学博物馆——英国　/94
拉维莱特科学工业城——法国　/96
德意志博物馆——德国　/98
安大略科学中心——加拿大　/100

芝加哥科学与工业博物馆——美国　/102
加州科学中心——美国　/104
东京国立科学博物馆——日本　/106
上海科技馆——中国　/108

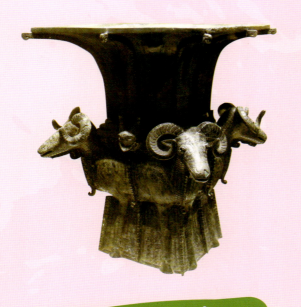

历史博物馆

埃及国家博物馆——埃及 / 112
中国国家博物馆——中国 / 114
秦始皇帝陵博物院——中国 / 118
东京国立博物馆——日本 / 120
国立美国历史博物馆——美国 / 122
墨西哥国立人类学博物馆——墨西哥 / 124
希腊国家考古博物馆——希腊 / 128

军事博物馆

盔甲博物馆——奥地利 / 132
奥地利陆军历史博物馆——奥地利 / 134
伦敦帝国战争博物馆——英国 / 136
巴黎荣军院——法国 / 140
索缪尔坦克博物馆——法国 / 142
俄罗斯中央武装力量博物馆——俄罗斯 / 144
库宾卡坦克博物馆——俄罗斯 / 146
莫尼诺空军中央博物馆——俄罗斯 / 148
中国人民革命军事博物馆——中国 / 150
澳大利亚战争纪念馆——澳大利亚 / 154
美国国家航空航天博物馆——美国 / 156

趣味博物馆

哥伦比亚黄金博物馆——哥伦比亚 /162
坎昆水下雕塑博物馆——墨西哥 /164
UFO博物馆——美国 /166
国际间谍博物馆——美国 /168
信不信由你博物馆——美国 /170
康宁玻璃博物馆——美国 /172
科隆巧克力博物馆——德国 /174
彼得森汽车博物馆——美国 /176
杜莎夫人蜡像馆——英国 /178
圣保罗足球博物馆——巴西 /180

木鞋博物馆——荷兰 /182
施华洛世奇水晶博物馆——奥地利 /184
摩纳哥海洋博物馆——摩纳哥 /186
济州岛HELLO KITTY ISLAND——韩国 /188
潍坊世界风筝博物馆——中国 /190

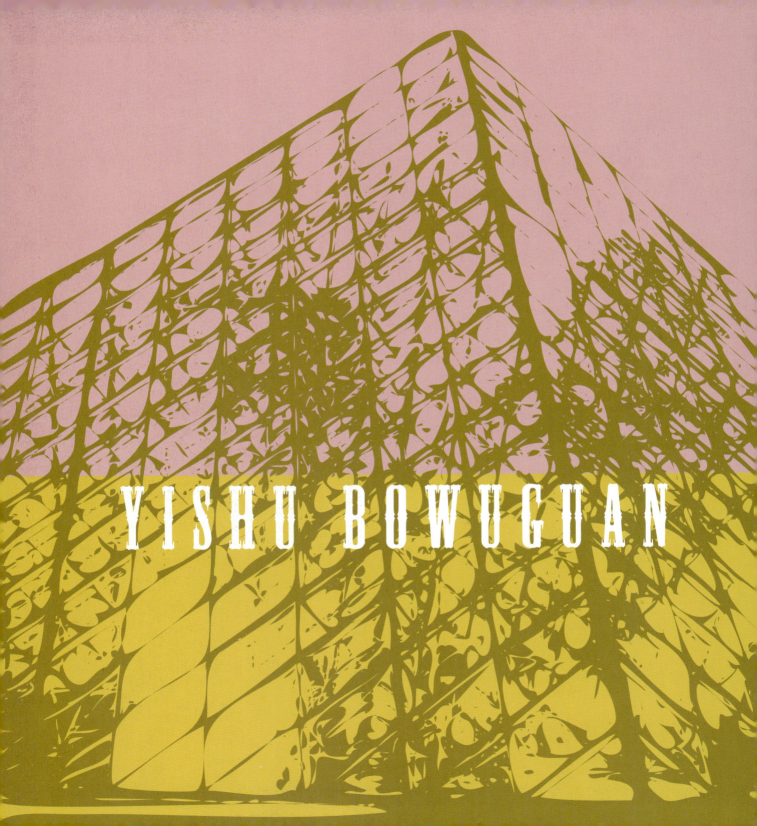

卢浮宫——法国

卢浮宫的由来

卢浮宫这座建筑本身，就是法兰西王朝的历史见证。这里曾居住过50位法国国王和王后。1204年，菲利普二世修建了一座用来存放王室档案和珍宝的城堡，将其命名为卢浮宫。后来，又经过亨利四世、路易十三、路易十四和拿破仑三世的一再扩建，才形成了我们今天所看到的气势雄伟的宫殿建筑群。卢浮宫用于收藏始于弗朗索瓦一世，后来藏品越来越多，卢浮宫就被当成了专用的皇家美术馆。亨利四世在位的时候，花费了13年的时间建造了卢浮宫最宏伟壮观的部分——大画廊。路易十四继位后，买下了当时几乎能买到的所有欧洲各派的名画。到拿破仑征战欧洲时，更是将被征服国家最好的艺术品都运进了卢浮宫。在拿破仑的影响下，法国外交官、教士、商人也纷纷将到手的来自埃及、希腊、巴比伦等古老文明国家的文物运进卢浮宫。1793年它才作为一个博物馆正式对外开放。

↑路易十四骑马雕像

→拿破仑一世

在巴黎市中心，著名的塞纳河右岸，有一排特别雄伟的建筑群，这就是世界上最大的艺术博物馆之一——卢浮宫。

卢浮宫的整体建筑呈"U"形，总面积19.7万平方米，藏有超过40万件来自世界各国的艺术珍品，分东方艺术馆、古埃及艺术馆、雕像馆、古希腊与古罗马艺术馆、珍宝馆和绘画馆6个部分，总共198个展览大厅。每年都有几百万甚至上千万来自世界各地的游客到这里参观，非常壮观。

卢浮宫的正门入口处，有一座耀眼的玻璃金字塔，它是由建筑大师贝聿铭设计的，于1989年建成。它的周围还环绕着3座小金字塔、花坛、水池和喷泉。金字塔是用玻璃拼镶的，使整个卢浮宫地下室充满了阳光。

↑ 玻璃金字塔内部

↑ 玻璃金字塔外部

↑《带翅膀的牛身人面雕像》

东方艺术馆是1881年建成的,有24个展厅,8万多件展品。这些展品主要来自叙利亚、黎巴嫩、巴基斯坦、伊朗等国,有古老的石刻、雕像、泥像、西亚泥版文书等。其中《带翅膀的牛身人面雕像》和以楔形文字刻在黑色玄武岩上的《汉谟拉比法典》最为有名。

古埃及艺术馆1826年就建成了,有23个展厅,收藏着3.5万多件珍贵文物。这些文物除了古代尼罗河西岸居民使用的衣物、珠宝饰品、玩具、乐器、各种工具外,还有古埃及神庙的断墙、基门、木乃伊、埃及帝王塑像、神秘的斯芬克斯像等,是研究古埃及文明发展史的重要宝库。

书记坐像

书记坐像是古埃及艺术馆著名的展品。这座雕像连座高 52 厘米，是石灰岩材质的，发现于斯芬克斯大道附近的一个石室陵寝，是公元前 2350 年的作品。书记是古埃及的身份低下的官职名称。作品中的男子双腿盘坐，腰杆笔直，腿上铺着纸草卷，正用笔记录重要的事件，那紧张的神情似乎唯恐漏掉片言只字。古埃及的雕像重视写实，书记的胸部与小腹的肌肉都没经过美化，而且表情刻画非常传神，使得作品具有不朽的艺术价值。

雕像馆成立于 1817 年，有展厅 27 个，共有 1000 多件不同材质的雕像。最著名的有《基督受难头像》《十字架上的耶稣》《圣母与天使》《圣母与孩童》《伏尔泰》《舞蹈》《奴隶》《真实》等。

↑米开朗基罗

↑柏拉图　　↑苏格拉底　　↑亚里士多德

古希腊与古罗马艺术馆也有3.5万多件藏品，以雕刻和陶器工艺品为主。在这里，你会看到古希腊哲学家苏格拉底、柏拉图、亚里士多德的头像，也能看到很多古希腊神话中的人物像。

珍宝馆的藏品有6000多件，有镀金的圣母像、镶满宝石的王冠、重达137克的大钻石、历代王室用的家具等。

绘画馆所收藏的绘画之全、之珍贵，是全世界其他任何一家博物馆都无法比拟的。绘画馆共有35个展厅，6000多件展品，囊括了13—19世纪各画派的精品。比较杰出的画作有富凯的《查理七世像》、达·芬奇的《岩间圣母》拉斐尔的《美丽的女园丁》勒南的《农民之家》委罗内塞的《加纳的婚礼》德拉克洛瓦的《自由引导人民》安格尔的《土耳其浴室》等。

←《自由引导人民》

快来卢浮宫一饱眼福吧！

卢浮宫"三宝"

卢浮宫有3件镇馆之宝，堪称精美绝伦，它们分别是米罗的《维纳斯》，萨莫特拉斯的《胜利女神》和达·芬奇的《蒙娜丽莎》。《维纳斯》是一尊大理石雕像，高约2.14米，耸立在雕像馆的中央。它是在爱琴海的米罗岛被发现的，发现时双臂已缺，所以又叫"断臂女神"，是一件端庄典雅而富有残缺美的杰作。《胜利女神》是一尊希腊化时代的大理石雕像，高2.75米，陈列在雕像馆。《胜利女神》的头和手臂都已丢失，上身略向前倾，但残存的肢体便足以昭示其迎风展翅的雄姿，有一种强烈的动感和威武的力量。《蒙娜丽莎》是意大利文艺复兴时期的著名画家达·芬奇的代表作，约作于1503—1505年。这幅作品陈列在绘画馆，以画中人物神秘的微笑而著称，被称为世界上最具魅力的古典女性形象之一。

←《维纳斯》

→《蒙娜丽莎》

↑《胜利女神》

蓬皮杜国家艺术文化中心——法国

↑杜尚的《自行车轮》

在巴黎市中心的博堡大街上，有一座巨大的"钢铁怪物"，它不用一砖一瓦，完全由纵横的玻璃管道、钢架和大玻璃墙组成，这就是蓬皮杜国家艺术文化中心。

蓬皮杜国家艺术文化中心是1977年建成的，呈长方形，总共有6层。其中，第四层和第五层是现代艺术博物馆，里面收藏着3万多件现代主要美术流派的绘画、雕塑、艺术摄影作品，比如莱热的《三个肖像的构图》、毕加索的《缪斯》、康定斯基的《光》、夏加尔的《双重肖像和一杯葡萄酒》、杜尚的《自行车轮》、马蒂斯的《黄与蓝的室内》，这些都非常珍贵！

值得一提的是，博物馆里展出的绘画作品，有一半不是镶在木框里，而是用活动大木板夹起来，垂直挂在天花板上的，可以自由升降。

　　如果说卢浮宫代表着法国的古代文明，那么蓬皮杜国家艺术文化中心就是现代巴黎的象征。

↑珍贵的展品

↑博物馆内部

欢迎你来参观！

现代建筑艺术的杰作

　　蓬皮杜国家艺术文化中心是用倡议建造它的法国前总统蓬皮杜的名字命名的，设计师是来自意大利的伦佐·皮亚诺和英国的理查德·罗杰斯。这座博物馆一反传统的建筑风格，故意把钢架、楼梯、管道等结构和设备暴露在外面，作为建筑物的装饰，以便楼层内部空间不受阻隔。暴露在外的管道粗细不一，还被涂抹上了缤纷的色彩，蓝色的是空调排气系统，黄色的是电力系统，绿色的是水管，红色的则是电梯。大厦正面还有一条粗大透明的管道，这就是从底层通到顶层的自动扶梯。从外面看起来，这座博物馆就像一座现代化的炼油厂，又像一艘整装待发的巨轮。这座古怪的建筑刚落成时，受到了好多人的指责，但现在它已经成为法国最受欢迎的博物馆之一了！

奥赛博物馆——法国

奥赛博物馆坐落在巴黎塞纳河的左岸，和卢浮宫隔河相望。你绝对想不到，这里曾经是一个蒸汽火车站，在闲置了46年后，才在1986年被正式改建成博物馆。博物馆底层那条长长的走廊，原来可是一条火车轨道哟！

博物馆拥有80个展厅，4.7万平方米的展览面积，藏品超过了4万件，有绘画、雕塑、摄影、设计图、手工艺品等，其中最主要的藏品是印象派的绘画作品。

如果你是一位艺术爱好者，到这里来准没错。这里珍藏着埃菲尔铁塔的模型和草图，凡高的《奥维尔教堂》和《自画像》，莫奈的《蓝色睡莲》，安格尔的《泉》，雷诺阿的《煎饼磨坊的舞会》，马奈的《草地上的午餐》，罗丹的雕塑作品《地狱之门》和《青铜时代》，等等。

博物馆的拱顶和西侧都是玻璃的，让人在宽敞明亮的空间里欣赏宝贵的艺术品，真不愧是"欧洲最美的博物馆"呀！

欧洲最美的博物馆，好赞！

《蓝色睡莲》

法国画家莫奈是印象派绘画的代表人物和创始人之一，代表作有《干草垛》《印象·日出》《圣拉查尔火车站》《睡莲》系列等。莫奈一生共创作了181幅《睡莲》，珍藏在奥赛博物馆的这幅《蓝色睡莲》是他晚年的代表作。画面上的睡莲红花白蕊，简洁、飘逸，体现出一种自由精神状态中的梦幻感，美妙无比。

什么是印象派

印象派是指19世纪后半期在法国兴起的绘画流派，命名源自莫奈1874年创作的《印象·日出》。印象主义表现的是画家在看到创作对象的一刹那捕捉到的颜色和光影。印象派的代表画家有莫奈、马奈、毕沙罗、雷诺阿、西斯莱、德加、科罗、莫里索、塞尚等。

← 埃菲尔铁塔

莫奈的作品→

大英博物馆——英国

大英博物馆又叫不列颠博物馆，坐落在伦敦的罗素广场，筹建于1753年，1759年正式对外开放，是世界上历史悠久、规模宏大的综合性博物馆之一。

博物馆的主体建筑面积大约5.6万平方米，共有100多个陈列室、800多万件藏品，不过，因为空间有限，很多藏品都没有公开展出。

↑著名藏品法老拉美西斯二世的胸像

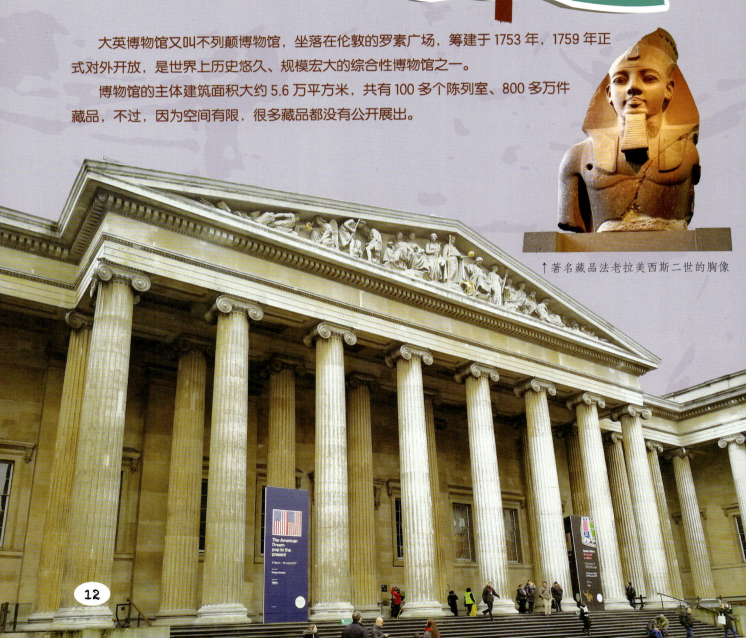

↑ 大中庭

大中庭位于博物馆的中心，2000年建成并对外开放，目前是欧洲最大的有顶广场，顶部是由1656块形状奇特的玻璃片组成的。大中庭的中央是博物馆的阅览室。

博物馆藏品丰富，展区众多，其中一个展区主要展示英国史前、古代及中古时期的文化遗产，它们体现了英国文化的发展源流。

博物馆的由来

大英博物馆是在私人收藏的基础上建立起来的。1753年，英国收藏家汉斯·斯隆去世前立下遗嘱，将7万多件藏品捐给国家。英国议会为了安置这些藏品，决定筹资兴建一座博物馆，大英博物馆就这样诞生了。1759年1月，大英博物馆正式对外开放，最初只是一座两层楼的法式建筑。后来，随着英国国力逐渐增强，海外殖民地扩大，英国从世界各地掠夺了大量珍品，使博物馆的藏品越来越丰富。1823年，由于藏品激增，博物馆决定在伦敦市中心建立一座新馆，由著名建筑师斯默克设计建造，这就是我们现在所看到的大英博物馆了。新馆正面耸立着高高的罗马式圆柱，上面托起巨大的山墙，墙上刻着精美的浮雕，整个建筑气势十分雄伟。

↑ 猎狮浮雕

西亚和埃及文物展区集中展示了两地古代文明的发展史。西亚展厅里有很多古代亚述王宫的巨幅浮雕，有战争场景、猎狮场景、国王的事迹等。

古埃及展区收藏着7万多件古埃及文物，有怪诞的人兽石雕、装饰着各种图案的法老棺椁、木乃伊、壁画、碑文和镌刻的石器器皿等，其中最有名的是罗塞塔石碑、《亚尼的死者之书》和法老拉美西斯二世的胸像。

←木乃伊

镇馆之宝

罗塞塔石碑：罗塞塔石碑最早是在1799年拿破仑征战埃及时，一名法国上尉在埃及沿海城市罗塞塔发现的，之后又在英法战争之中辗转到英国人手中，最终被大英博物馆收藏。石碑高1.14米，宽0.73米，大约制作于公元前196年，石碑上用希腊文、古埃及象形文字和埃及草书刻了同样的内容，即古埃及国王托勒密五世的诏书，这为考古学家研究古埃及历史提供了宝贵的资料。

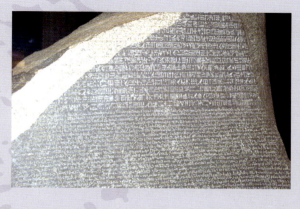

《亚尼的死者之书》：这幅画创作于公元前1300—前1200年，是收藏家佛里斯班士于1887年在尼罗河中游的亚尼墓室中发现的，代表了古埃及美术的最高水平。这幅画画在莎草纸上，是亚尼墓中的陪葬品，全长24米，用长达60章的篇幅，描绘死者在来世获得永生所需的咒文和约定事项，最有名的一幕是"秤心仪式"。

古希腊、罗马文物展区是博物馆的一大亮点。这里藏有古希腊著名雕刻家菲狄亚斯、史柯珀斯的作品，也有陶偶、陶器、玻璃器皿，还有古罗马时期形态各异的青铜雕像。古罗马波特兰花瓶，来自雅典卫城帕特农神庙中的部分雕刻和建筑残件、涅瑞伊得斯纪念碑、命运三女神雕刻群等，都是无价之宝。

←涅瑞伊得斯纪念碑

← 瓷器展品

东方文物展区是博物馆里最引人注目的地方，这里有超过10万件来自中国、日本、波斯和印度等国的文物，比如波斯的银器、工艺品，印度的宝石戒指、佛像、雕刻等。

33号展厅是专门陈列中国文物的，展品有2万多件，是按历史顺序排列的。从远古时期的石器，新石器时代的大刀、玉斧，商周时期的青铜尊、鼎，到秦汉时期的铜镜、陶器、漆器、铁剑，六朝的金铜佛，隋代白色大理石立佛像，唐代的三彩瓷器和宋、元、明、清各代的瓷器及各式金玉制品，还有中国历代铜币、丝绸、绘画、珐琅雕塑、书稿，可以说是种类齐全、无所不包。

↑ 日本武士的盔甲和剑

珍宝室是专门展示钱币、纪念章、金银器物、珠宝、镶嵌工艺品等的展厅。这里收藏的一批古代地图称得上是稀世珍宝，比如巴比伦泥版世界地图。

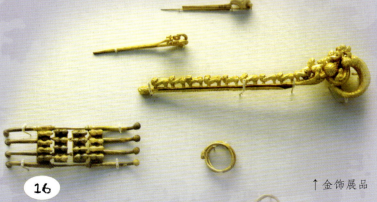

↑ 金饰展品

《女史箴图》

这是东晋画家顾恺之原作的唐代摹本，是难得的早期绢本画作，也是尚能见到的中国最早的专业画家的作品之一，在中国美术史上具有里程碑的意义。现在世界上只剩两幅摹本，一幅是宋人摹本，现藏于北京故宫博物院；另一幅就是大英博物馆中的这件摹本，它原藏在圆明园中，1860年，英法联军攻破北京时将其掠走，1903年被大英博物馆收藏。

←《女史箴图》局部

敦煌珍品

在大英博物馆里，有一批敦煌文物尤其珍贵，包括来自敦煌莫高窟的壁画、大量画卷、经卷等。这些珍贵的文物是怎样流入大英博物馆的呢？原来，从1856年到1932年，多个西方探险家打着研究的名义，频繁进入中国西部地区，每次都掠走大量珍贵文物。其中，尤以斯坦因在莫高窟藏经洞劫掠的文物最多，他甚至将大量敦煌壁画连墙壁一起切割，分批运回了英国。

来大英博物馆吧，全年免费等你来参观哟！

维多利亚皇家博物馆——英国

↑维多利亚女王和阿尔伯特公爵

博物馆的由来

1851年5月,由维多利亚女王的丈夫阿尔伯特公爵主持举办的万国博览会在伦敦海德公园成功举办,门票销售一空,盈利达18.6万英镑。阿尔伯特公爵决定用这笔钱发展英国文化,于1852年拿出一部分资金购进了万国博览会的展品并对外展出,这就是维多利亚皇家博物馆的前身。1855年,英国政府又专门拨款兴建了收藏这些展品的博物馆,并于1857年正式对外开放。

维多利亚皇家博物馆又叫维多利亚与阿尔伯特博物馆,是世界上最早创立、规模最大的装饰艺术博物馆,位于伦敦毕加特利圆形广场附近。

博物馆是1852年成立的,占地近5万平方米,约有100万件藏品。博物馆以收藏工艺品和室内装饰品为主。在这里,你可以看到亨利八世的写字桌、詹姆斯二世的结婚礼服、伊丽莎白时代的巨大卧床、世界上最大

↑印度的白玉酒杯——沙·贾汗之杯

的波斯地毯，还会欣赏到顶级的英国水彩画、油画以及摄影作品。比如瓦尼的圣坛十字架、巴莱的船形容器等工艺品，及大理石浮雕《耶稣升天》和大理石雕刻《伏尔泰半身像》，甚至还有马甲上衣、撑架蓬蓬裙、珠宝、手套、手袋等不同时代的服饰。

陶瓷器馆藏量堪称世界博物馆之最，有超过15万件来自世界各地的陶瓷制品，造型优美，姿态各异，给人以美的享受。

百闻不如一见，欢迎来参观！

↑《耶稣升天》

↓ 展厅内部

泰特现代美术馆——英国

泰特现代美术馆耸立在伦敦的泰晤士河南岸，外表覆盖着褐色砖墙、内部是钢筋结构，标志是一根高耸入云的烟囱。

泰特现代美术馆于1897年对外开放，展厅面积达3400平方米，有5层楼，专门收藏20世纪现代艺术作品，比如毕加索、马蒂斯、安迪瓦豪、蒙德里安、达利的绘画和雕塑作品。

泰特现代美术馆把艺术品分成4个大类展览：历史—记忆—社会，裸体人像—行动—身体，风景—材料—环境，静物—实物—真实的生活，这种不按传统的年代编排的方式给观众一种全新的空间体验。

这里收藏的著名作品有毕加索的《哭泣的女人》、透纳的《透纳自画像》《暴风雪·汉尼拔和他的军队越过阿尔卑斯山》《古罗马》《被拖去解体的战舰无畏号》、米莱斯的《奥菲丽娅》、惠斯勒的《泰晤士河上散落的烟火：黑和金的小夜曲》、贾科梅蒂的雕塑《指示者》、雷诺兹的雕塑《皇家游戏》等。

↑ 毕加索画像

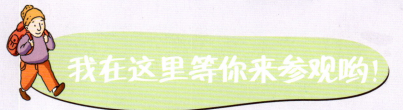

我在这里等你来参观哟！

从发电厂到美术馆

你知道吗？泰特现代美术馆原来竟然是一座大型发电厂！后来，两名年轻的瑞士建筑家把它改造成了今天的模样。他们在保留发电厂的外部轮廓和大烟囱的基础上，将巨大的涡轮车间改造成了美术大厅，并在主楼顶部加盖了两层高的玻璃盒子，为美术馆提供充足的自然光线。两位建筑家还在巨大烟囱的顶部加盖了一个半透明的薄板顶，因为这是由瑞士政府出资的，所以命名为"瑞士之光"。晚上，大烟囱的顶部会亮起灯光，就像伦敦夜空的一座灯塔。

涡轮大厅里的巨型作品

从2000年起，泰特现代美术馆每年都要挑选一名艺术家，委托他们为涡轮大厅量身创作一件巨型装置作品。这里曾展出过巨型蜘蛛、长达167米的裂缝、巨型仿造太阳、巨型喇叭雕塑、高耸的螺旋管状滑梯、馆内黑洞等。

↑ 涡轮大厅

乌菲兹美术馆——意大利

乌菲兹美术馆位于意大利佛罗伦萨市的乌菲兹宫内。这里以收藏欧洲文艺复兴时期的绘画名作而闻名，并藏有古希腊、古罗马的雕塑作品，被誉为"文艺复兴艺术宝库"。

↑ 文艺复兴代表人物达·芬奇画像

美术馆的由来

16世纪，意大利佛罗伦萨有一个显赫一时的家族——美第奇家族。这个家族被称为"无冕王"，实际统治了佛罗伦萨近3个世纪，出了3位罗马教皇和两位法国王后。乌菲兹宫原来是美第奇家族办公的地方。美第奇家族的人经济实力雄厚，而且热爱艺术，长期为文人和艺术家提供保护和资助，并酷爱收藏，把从各地收集来的绘画、雕刻等艺术品集中在乌菲兹宫。1581年，美第奇家族收藏的艺术品开始对外开放，1756年乌菲兹宫正式成为公共博物馆。

↑乌菲兹美术馆天花板上的壁画

乌菲兹美术馆总共有46个展厅，分为3层，收藏着约10万件名画、雕塑、陶瓷等艺术品，是世界上规模最大、艺术水平最高的艺术博物馆之一。

美术馆的展品是按时间顺序和艺术史上的画派来分类陈列的。

在13世纪的托斯卡纳派陈列室里，有契马布埃、乔托、杜乔第、博尼塞纳的画作，其中数乔托的《宝座上的圣像》与博尼塞纳的大幅绘画《圣母子》最负盛名。

↑米开朗基罗展厅里的展品

14世纪的锡耶纳派陈列室里，有很多绚丽多彩的作品，比如洛伦采蒂兄弟的数幅作品和马尔蒂尼的《圣告》。

14世纪的佛罗伦萨派陈列室里展出的有法布里亚诺的《三圣贤的朝拜》。

↑法布里亚诺的《三圣贤的朝拜》

↑《春》

15世纪的佛罗伦萨派陈列室是最精华的展厅，有波提切利的大小20幅作品，尤其是油画《维纳斯的诞生》和《春》是他成熟期的巅峰之作，也是美术馆的镇馆之宝。

北方画家陈列室有威尼斯派的贝利尼、乔尔乔涅、柯勒乔、达·芬奇等人的作品。其中达·芬奇的作品《三博士朝圣》也是镇馆之宝。

在文艺复兴后期陈列室里，我们能看到拉斐尔的《金翅雀圣母》、米开朗基罗的《圣家族》，还有托斯卡纳派的马尼埃里斯特等人的作品。

↑波提切利像

威尼斯派陈列室有提香、委罗内塞、丁托列托、伦勃朗、鲁本斯等人的作品，其中以提香的《花神》最为著名，它不但是美术馆的镇馆之宝，甚至可以被称为意大利的国宝！

还有一个陈列室里摆满了各个时代画家们的自画像，快来看看，你能认出几个大画家？

↑提香

镇馆之宝

《维纳斯的诞生》：波提切利是佛罗伦萨画派的代表画家，也是意大利肖像画的先驱。这幅油画作于1485年，描绘的是爱与美的女神从爱琴海中诞生时的情景：少女维纳斯刚浮出水面，踩在一只荷叶般的贝壳上，她的体态圆润优美，端庄又娴娜，头发像瀑布一样美丽。风神用微风轻轻把她送到岸边，粉红色的玫瑰花在她身边飘落，春神为她披上用繁星织成的锦衣，维纳斯的身后是碧海蓝天，整幅画充满诗的意境。

《花神》：提香是意大利文艺复兴后期威尼斯画派的代表画家，被誉为"西方油画之父"。这幅画创作于1515—1520年，画中的人物是希腊神话中的花神芙罗拉。在提香的笔下，花神青春焕发，体态丰满柔和，形象娇艳端庄，如鲜花一般盛开在画布上。

快到艺术的海洋里遨游吧！

普拉多博物馆——西班牙

普拉多博物馆位于马德里市中心，是收藏西班牙绘画及雕塑作品最全面、最权威的博物馆。

博物馆是一座庞大的古宫殿建筑，有3个入口：在博物馆的正门（西门）前，有一座委拉斯凯兹手拿画笔的青铜坐像，北门前的广场上竖立的青铜雕像是戈雅，南门前矗立着牟利罗的雕像——他们都是西班牙古典绘画的杰出代表，很多画作都闻名于世。

↑ 委拉斯凯兹坐像

↓委拉斯凯兹的《菲利普四世的骑马像》

博物馆馆藏丰富，拥有大量绘画大师的代表作品，还集合了雕塑、素描、家具、钱币、徽章以及挂毯、彩色镶嵌玻璃窗和金银器具等艺术品。展品按照国家、年代和作者分类，陈列在100多个展厅里，分上下两层楼。二楼是博物馆最重要的地方，陈列了不少西班牙及意大利画作。

博物馆的由来

普拉多博物馆最初是国王卡洛斯三世于1786年下令建造的，1819年起对外开放，当时名为皇家绘画雕塑博物馆。馆内最早的展品来自皇室，之后通过国家从艺术市场或展览会选购以及私人捐赠，藏品渐渐增多。1868年，博物馆被收归国有，因为地处马德里的普拉多大道，被正式命名为普拉多博物馆。1872年，特里尼达博物馆的藏品悉数并入普拉多博物馆，馆藏量大增。经过几百年的积累，普拉多博物馆的藏品超过了3万件，成为世界首屈一指的艺术殿堂。

↑珍贵的雕像展品

西班牙著名博物馆

除了普拉多博物馆，西班牙还有很多著名的博物馆，比如马德里的索菲亚王后国家艺术中心博物馆，毕尔巴鄂的古根海姆美术馆——世界上著名的私人现代艺术博物馆，马拉加的毕加索博物馆，古罗马艺术国家博物馆，国家雕塑博物馆，水下雕塑博物馆，等等。

↓古根海姆美术馆

镇馆之宝——《宫娥》

委拉斯凯兹被誉为文艺复兴后期西班牙最伟大的画家，他以风俗画和肖像画闻名于世。这是委拉斯凯兹晚期的代表作，描绘了宫廷里的日常生活：中心人物是西班牙国王菲利普四世的小女儿玛格丽特公主，两名宫女在各自一旁侍奉，旁边还有侏儒和狗，画面左边是正在作画的画家本人，画面后方的镜子上映出的是国王和王后，门口站着画家的亲戚。整幅画具有浓郁的宫廷生活气息和情调，令后代的许多画家推崇备至。

← 戈雅的雕像

《裸体的玛哈》和《着衣的玛哈》

戈雅是西班牙浪漫主义画派的代表人物，他的画风奇异多变。《裸体的玛哈》和《着衣的玛哈》这两幅油画画的是同一个人，姿态和面部表情完全一样，区别在于一幅是裸体，一幅是着衣像。画家用高超的笔触和对色彩与光线的把握，呈现了女性身体的柔美和温暖。

↓ 博物馆西门

　　普拉多博物馆是世界上收藏委拉斯凯兹和戈雅的作品最多的博物馆，也是藏有荷兰画家希罗尼穆斯·博斯的作品最多的博物馆，另外还收藏着大量拉斐尔、米开朗基罗、提香、鲁本斯、伦勃朗、丢勒、波提切利、委罗内塞等大师的作品。

　　其中比较著名的藏品有：委拉斯凯兹的《宫娥》《纺织女》《菲利普四世的骑马像》、拉斐尔的《红衣主教肖像》《圣母玛利亚与鱼》、提香的《查理五世骑马像》《亚当与夏娃》《酒神的狂欢》《金雨下的达纳额》、鲁本斯的《仙女和森林之神》、戈雅的《裸体的玛哈》《着衣的玛哈》《太阳伞》《1808年5月3日夜枪杀起义者》、里贝拉的《雅各之梦》、弗兰德斯的《耶稣殉难》、安吉利科的《天使报喜》、希罗尼穆斯·博斯的《人间乐园》、伦勃朗的《月亮与狩猎女神》、丢勒的《自画像》《亚当和夏娃》等。

如果你想欣赏大画家们的原作，就来普拉多博物馆吧！

凡高美术馆——荷兰

在阿姆斯特丹市中心的博物馆广场上,有一座由玻璃和墙壁组成、呈几何构造的4层建筑,这就是大名鼎鼎的凡高美术馆啦!

凡高美术馆建于1973年,这里珍藏着凡高黄金时期珍贵的200幅画作,还有500多幅素描和他的众多书信,此外还有凡高和弟弟提奥收藏的日本浮世绘和其他著名印象派画家的作品,比如高更、米勒、莫奈等人的画作。

↑博物馆内部

天才凡高

凡高是荷兰后印象派画家的杰出代表,他是表现主义的先驱,深深地影响了20世纪的艺术,尤其是野兽派与表现主义。他一生穷困潦倒,短暂而富有戏剧性。在他死后,他的作品才渐渐被世人所接受。他的作品《星夜》《向日葵》《自画像》《乌鸦群飞的麦田》等,已跻身于全球最著名、最珍贵的艺术作品行列。

《乌鸦群飞的麦田》

这幅画创作于1890年,描绘的麦田位于法国瓦兹河畔。整幅画找不到一丝阳光的痕迹,天空阴霾低沉,一群凌乱低飞的乌鸦又如乌云般浓重,低低地压向金黄色的麦田,沉重得叫人透不过气来。整幅画所用的笔触都是短而粗的直线堆砌,充满了不安和阴郁感。画作完成后不久,凡高就自杀了。

凡高美术馆的展品是按照凡高的生平年表进行排列的。在这里,你可以看到《安特卫普的后院》《乌鸦群飞的麦田》《罗纳河上的星夜》《鸢尾花》《十五朵向日葵》《吃马铃薯的人》《阿尔勒的卧室》《收获景象》《戴帽的自画像》《蒙玛茹尔日落》等经典作品。

来这里零距离感受凡高的艺术魅力吧!

↑《鸢尾花》

梵蒂冈博物馆——梵蒂冈

梵蒂冈博物馆是世界上最早的博物馆之一，建筑物于5世纪末建成，开始是教皇的宫殿，16世纪正式改建成了博物馆。

博物馆总面积5.5万平方米，包括12个收藏馆和5个艺术长廊，大大小小的展览室1400多间，珍藏着数十万件珍贵的历史文物。

博物馆里的珍宝是按照不同的内容来分馆展出的，就拿"地图画廊"来说吧，里面有40张画在墙上的意大利地图，它们都是16世纪的数学家、天文学家和建筑师丹提亲手画的，很厉害吧？

↓博物馆内馆藏丰富

↑ 圣彼得大教堂

世界上最小的国家——梵蒂冈

梵蒂冈是世界上最小的国家，面积只有0.44平方千米，位于意大利的首都罗马的西北角，是一个"国中之国"。梵蒂冈境内没有农业和工业，人们的生活必需品，比如自来水、电力、食品、燃料等都靠意大利供应。不过，它也有自己的国旗、国徽、学校、邮票、电台、报纸、卫队等，而且拥有全世界最大的天主教堂——圣彼得大教堂和驰名世界的梵蒂冈博物馆。所以，梵蒂冈的影响力一点也不输给世界上任何一个强大的国家。

博物馆的由来

梵蒂冈博物馆的起源可以追溯到500年前的大理石群雕——《拉奥孔》。它是1506年在圣母玛利亚教堂附近的一个葡萄园里发掘出来的，在米开朗基罗的推荐下，教皇儒略二世买下了这座雕像，并向公众进行了展示。随着一代代教皇收藏的文物越来越多，这里就逐渐发展成对外开放的博物馆了。

博物馆里有个露天的松果庭院，庭院中心是著名雕塑家阿纳尔多·波莫多罗创作的雕塑作品《破碎的地球》，在联合国总部门口也有座一模一样的铜雕。庭院北边有个大大的壁龛，里面放着一尊高约4米的巨型青铜松果像，两旁各有一只青铜孔雀守护着它。

↑《破碎的地球》

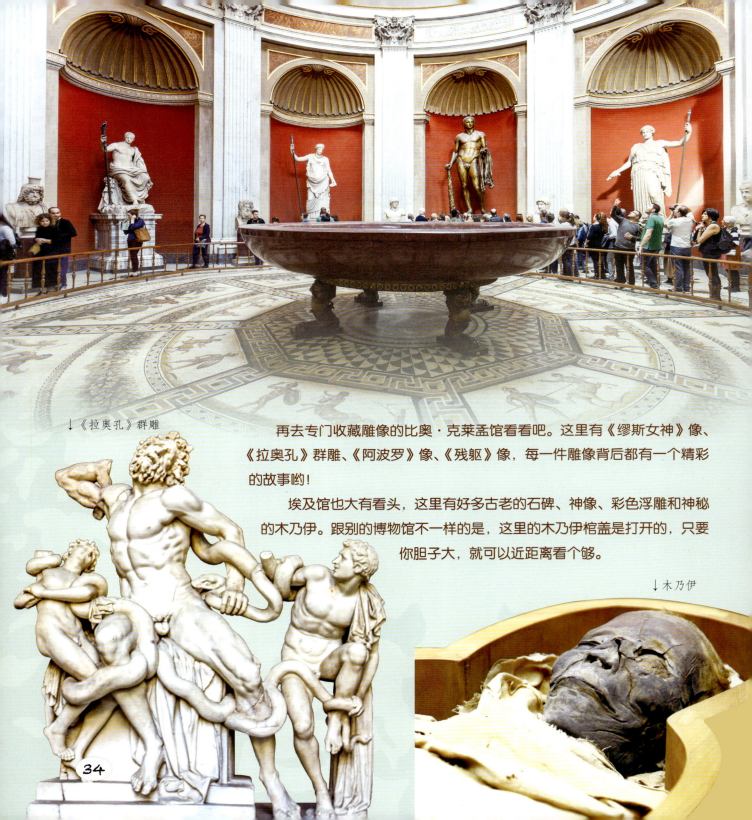

↓《拉奥孔》群雕

再去专门收藏雕像的比奥·克莱孟馆看看吧。这里有《缪斯女神》像、《拉奥孔》群雕、《阿波罗》像、《残躯》像，每一件雕像背后都有一个精彩的故事哟！

埃及馆也大有看头，这里有好多古老的石碑、神像、彩色浮雕和神秘的木乃伊。跟别的博物馆不一样的是，这里的木乃伊棺盖是打开的，只要你胆子大，就可以近距离看个够。

↓木乃伊

石头动物园

梵蒂冈博物馆里有一间专门展出动物雕塑的屋子,那里集中了狗、鳄鱼、狮子、老虎、大象、蛇等几十种动物的石雕,活灵活现,就像一个活生生的动物园。

↓狗的石雕

"完美的残片"——《残躯》

《残躯》雕塑是公元前1世纪的古希腊作品,不知道是什么原因被破坏了。但从残留的躯干和大腿可以看出这是一位坐着休息的男子,正扭过身子向左边看去,而身上的每一块肌肉都配合着这个动作而扭曲。从背面的狮爪判断,这是古希腊神话里的大力士赫拉克勒斯的雕像。米开朗基罗特别推崇这座雕塑,他的好多作品都受其影响。

梵蒂冈画廊算是博物馆里比较新的部门了,这里收藏着拉斐尔的《基督显圣》、达·芬奇的《圣杰罗姆》和卡拉瓦乔的《基督下葬》,每一幅画里的人物都那么生动,像真的一样!

↑《雅典学院》

　　拉斐尔画室是专门陈列拉斐尔作品的地方，由 4 个连续的房间组成。你走进去时，满眼都是巨幅壁画，它们布满了四壁和屋顶，华丽极了！拉斐尔和他的学生花了 10 年时间，创作了《圣体辩论》《雅典学院》《三德像》等巨幅壁画，它们都是艺术史上的无价之宝。

　　西斯廷教堂可以说是整个博物馆的重中之重了，在教堂大厅 500 多平方米的拱形天花板上，有著名画家米开朗基罗创作的非凡巨作《创世纪》。壁画描绘了上帝创造世界的过程，画里总共有 343 位姿态各异的人物，当你仰起头观看整个天顶画时，别提有多震撼了！

↓《创世纪》(局部)

←《最后的审判》

在教堂祭坛墙壁上，米开朗基罗还创作了《最后的审判》，这幅画将近200平方米，里面的人物有400多位，画面惊心动魄，被人们誉为"绘画史上的《神曲》"。

这么多艺术宝藏在向你招手，欢迎来梵蒂冈博物馆参观！

什么是壁画

壁画是指人们直接画在墙面上的画。它是人类历史上最早的绘画形式之一。在原始社会，我们的祖先在洞壁上刻画各种图形，用来记事表情，是最早的壁画。在古代，人们通常在石窟、墓室或是寺观的墙壁上创作壁画，比如著名的敦煌壁画。意大利文艺复兴时期，壁画创作十分繁荣，画家们创作了大量著名的作品，西斯廷教堂里的壁画就是最典型的代表哟！

艾尔米塔什博物馆——俄罗斯

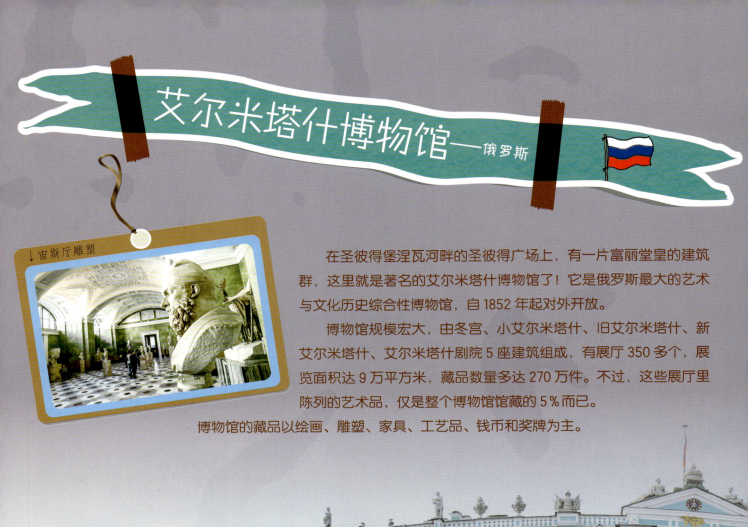

↓宙斯厅雕塑

在圣彼得堡涅瓦河畔的圣彼得广场上，有一片富丽堂皇的建筑群，这里就是著名的艾尔米塔什博物馆了！它是俄罗斯最大的艺术与文化历史综合性博物馆，自1852年起对外开放。

博物馆规模宏大，由冬宫、小艾尔米塔什、旧艾尔米塔什、新艾尔米塔什、艾尔米塔什剧院5座建筑组成，有展厅350多个，展览面积达9万平方米，藏品数量多达270万件。不过，这些展厅里陈列的艺术品，仅是整个博物馆馆藏的5%而已。

博物馆的藏品以绘画、雕塑、家具、工艺品、钱币和奖牌为主。

博物馆共设立了8个部门：西欧艺术部、东方民族文化艺术部、钱币部、古希腊罗马世界部、俄罗斯文化史部、科学教育部、修复保管部和原始文化部。

博物馆的由来

这座博物馆最早是叶卡捷琳娜二世女皇的私人官邸。她热衷收藏，令驻欧洲各国的大使们为她购买画作，收藏在她的藏品馆里。1764年，叶卡捷琳娜二世购进伦勃朗、鲁本斯等人的250幅绘画作品，存放在冬宫的艾尔米塔什，该馆由此而得名。1922年，国立冬宫博物馆与艾尔米塔什合为一体，称艾尔米塔什博物馆。

↑伦勃朗像

博物馆的守护神

你知道吗？在艾尔米塔什博物馆的地下室里，住着大约50只猫。最初博物馆养猫的目的是为了保护艺术品不受老鼠侵害，而猫族守护这些艺术珍品已经有200多年的历史了，它们为保护艺术品做出了巨大贡献。从1998年开始，博物馆还专门为这些"猫咪护卫"举办展览和音乐会等庆祝活动。博物馆的工作人员也经常带领游客参观博物馆地下室，一睹"猫咪护卫"的风采。

西欧艺术部可以说是艾尔米塔什博物馆最精华的所在，有近60万件展品，占据了120个展厅。其中，又以欧洲绘画珍藏闻名于世，从拜占庭最古老的宗教画，到现代的印象派、野兽派画作，应有尽有。

↑达·芬奇的《圣母像》之一

其中达·芬奇的两幅《圣母像》、拉斐尔的《圣母圣子图》和《圣家族》、伦勃朗的《浪子回头》以及提香、鲁本斯、委拉斯凯兹、雷诺阿、凡高、塞尚、戈雅、毕加索等人的名画，都称得上是稀世之宝。

除绘画外的艺术品也很可观，比如米开朗基罗的《蜷缩成一团的小男孩》、安东尼奥的《三美神》、乌东的《伏尔泰坐像》等雕塑，还有15世纪的西班牙银器、16世纪法国和意大利的陶器等。

东方民族文化艺术部的展品以中国的文物为主，有青铜器、陶瓷、纺织品、绘画等。

钱币部的藏品数量占全部馆藏的1/3，是全世界最重要的古代钱币收藏地之一。

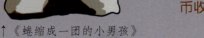

↑《蜷缩成一团的小男孩》

→《三美神》

《伏尔泰坐像》

乌东是法国18世纪著名的雕塑家,他最著名的作品就是这尊大理石雕像《伏尔泰坐像》。为了更好地塑造伏尔泰的形象,乌东先后为他制作了很多件头像、胸像。这件坐像创作于伏尔泰去世前一年,真实记录了这位80岁高龄的哲学家的形象,把他特有的性格和气质刻画得入木三分。这件作品被誉为"雕塑史上最杰出的肖像雕刻"。

《浪子回头》

伦勃朗是欧洲17世纪最伟大的画家之一,也是荷兰历史上最伟大的画家。他擅长肖像画、风景画、风俗画、宗教画、历史画等。这幅油画创作于1668年,画面表现的是老人的小儿子,年轻时拿着父亲的家产远走他乡,到处挥霍,直到沦为乞丐,才回到父亲身边的一刻。画中,已经为儿子哭得半瞎、面露慈怜的父亲,如获至宝地拥抱着历经沧桑、衣衫褴褛的小儿子,令人动容。

古希腊罗马世界部珍藏着 14 万件从公元前 3000 年到公元 4 世纪来自古希腊、古罗马的艺术品。

俄罗斯文化史部的展品反映了俄罗斯千余年的历史，具有浓郁的民族特色。这里有宫廷原状陈列，包括沙皇时代的卧室、餐厅、会客室等；也有专题陈列厅，比如金银器皿、服装、武器、绘画、工艺品等。

最吸引眼球的要数彼得大帝展厅，这里珍藏着彼得大帝生前使用过的服装、勋

↑ 彼得大帝骑马像

《弹琴者》

卡拉瓦乔是意大利画家。这幅作品创作于 1595 年，持琴者面前摊开的乐谱是一支情歌，模特是少男还是少女，至今还是个谜。卡拉瓦乔描绘的人物形象以概括、简朴、真实而著称，作品中善于运用强烈的明暗对比法，这种创新画法对之后的巴洛克艺术影响深远。

← 《悲剧女神》

章、武器、书桌和他的画像等。有些机器和航海用具还是彼得大帝亲手制作的呢。展厅中的一个玻璃柜中有一尊彼得大帝的仿真人坐像，身体用蜜蜡制成，而头发是彼得大帝的真发。

叶卡捷琳娜一世、伊丽莎白·彼得罗夫娜、叶卡捷琳娜二世等女皇的闺房也大有看头，里面的布置特别豪华，体现出皇家的气派。

每年有300多万名游客来这里参观，你想不想加入这个行列？

彼得大帝展厅

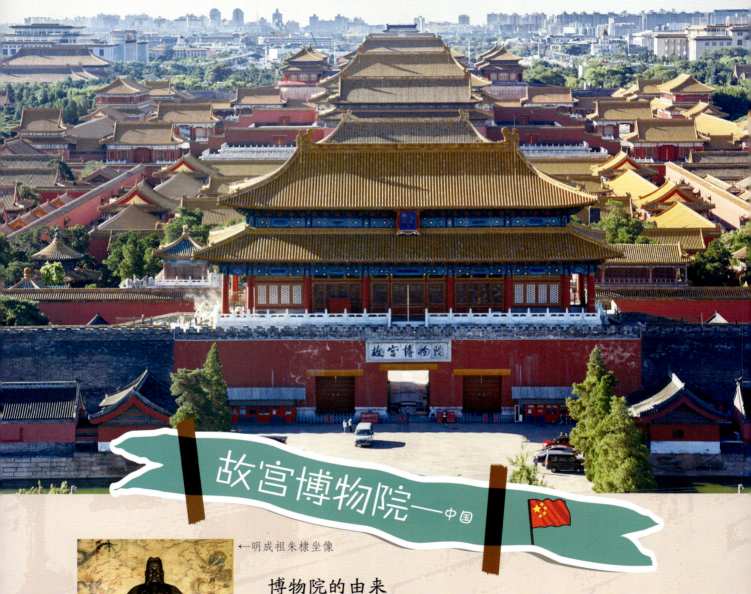

故宫博物院——中国

←明成祖朱棣坐像

博物院的由来

1406 年，明成祖朱棣下令营造皇宫，直到 1420 年才建成，时称紫禁城。1911 年辛亥革命后，紫禁城收归国有。1925 年 10 月 10 日，故宫博物院正式对外开放，从此紫禁城才被称为"故宫"。故宫的文物收藏主要来源于明、清两代皇宫的收藏。1949 年新中国成立时，故宫有多处宫殿群倒塌，垃圾成山。1961 年，国务院将故宫列入第一批"全国重点文物保护单位"，并对其进行了大规模的修整，使这片古老的建筑群恢复了往日的辉煌。

说到中国的博物馆，最出名的非故宫博物院莫属。

故宫博物院位于北京中轴线的中心，是世界上现存规模最大、保存最为完整的木质结构的宫殿型建筑。它曾是明、清两个朝代的皇宫，居住过24个皇帝，1925年才开始作为博物馆对外开放，并成了我国最大的古代文化艺术博物馆。

故宫的总面积达72万多平方米，共有大小宫殿70多座，房屋9000多间，宫城周围环绕着高10米、长3400米的宫墙，墙外还有52米宽的护城河，处处红墙黄瓦，金碧辉煌，十分威严、肃穆。

故宫博物院总共珍藏着180多万件珍贵的文物，它们分别陈列于设立在不同宫殿中的主题展馆里，有数字馆、书画馆、陶瓷馆、青铜器馆、珍宝馆、钟表馆、戏曲馆、雕塑馆、古建馆等。

↑珍宝馆展品

故宫博物院十大珍宝

1. 书画之宝:《清明上河图》
2. 漆器之宝:雕漆云纹盘
3. 玉器之宝:青玉云龙纹炉
4. 珐琅之宝:掐丝珐琅缠枝莲纹象耳炉
5. 金器之宝:金瓯永固杯
6. 法帖之宝:《平复帖》
7. 钟表之宝:彩漆描金楼阁式自开门群仙祝寿御制钟
8. 织绣之宝:沈子蕃缂丝《梅鹊图》
9. 青铜之宝:酗亚方樽
10. 陶瓷之宝:郎窑红釉穿带直口瓶

《清明上河图》

《清明上河图》是中国十大传世名画之一。这是北宋画家张择端仅存的画作,属于一级国宝。这幅画以长卷形式,采用散点透视构图法,描绘了12世纪北宋汴京的城市面貌和当时社会各阶层人民的生活状况。画卷中共出现了814个衣着不同、神情各异的人物,牛、骡、驴等牲畜73匹,车13辆,轿14顶,大小船只29艘,树木约180棵,房屋、桥梁、城楼等各有特色,有很高的历史价值和艺术价值。

← 青玉云龙纹炉

↑《清明上河图》(局部)

↑《五牛图》

数字馆是一种全新的数字形式展厅，与传统的实体形式的展厅不同，它以"数字建筑""数字文物"的形式，利用信息时代的技术优势，采用新媒体互动手段，把院藏珍贵文物中不好展出的文物以及实物展览中难以表达的内容用数字形态呈现出来，这样既保障了文物安全，还可以激发观众对实体文物的兴趣。

书画馆珍藏着超过10万件古代书法、绘画珍品，并将它们轮流展出。其中有很多稀世之宝，比如晋代陆机的《平复帖》、顾恺之的《洛神赋图》《列女图》（宋摹本），隋代展子虔的《游春图》，唐代阎立本的《步辇图》、韩滉的《五牛图》，宋代郭熙的《窠石平远图》、张择端的《清明上河图》等，此外还有颜真卿、柳公权、欧阳询、苏轼、黄庭坚、米芾、蔡襄、赵孟頫、董其昌、文徵明、扬州八怪等名家的书画真迹。

↑ 瓷器藏品

陶瓷馆珍藏着700多件陶瓷器，有6000年前黄河流域的彩陶，四五千年前的黑陶，商代的原始瓷器，东汉的青瓷，隋唐至宋元时期的三彩釉、釉下彩，明代永乐鲜红釉、宣德宝红釉、成化斗彩及清康熙珐琅彩等。

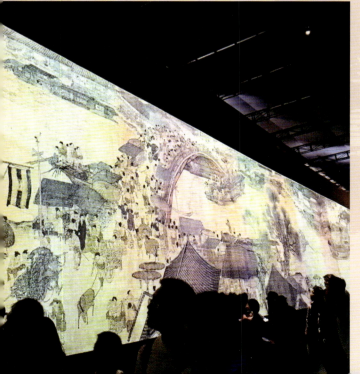

青铜器珍品→

青铜器馆里陈列着4000多件古老的青铜器，包括商周的鼎、尊、觥、爵、角等，还有的刻有长篇铭文和精致纹饰，春秋时期的鲁大司徒铺、楚王鼎以及各种货币、铜镜、印玺、度量衡器等。

↑ 龙耳簋

珍宝馆算得上是故宫博物院最受欢迎的展馆了，这里有金、银、玉石、玛瑙、水晶制的工艺品、餐具、茶具和酒具，每一件都做工精细，价值连城。

↑ 珍宝馆金器

钟表馆也很有趣，这里有国内外生产的各种钟表，陈列在一座华丽的金色大厅里。这些表的造型有的模拟楼阁、宝塔、花果、盆景，有的模拟西洋建筑、车马人物，报时方式也多种多样，保证会让你看得目瞪口呆。

还等什么，快到故宫博物院来大饱眼福吧！

文房四宝

人们把古代书写和绘画用的主要工具笔、墨、纸、砚合称"文房四宝"。故宫博物院就收藏着珍贵的文房四宝，这里展出的都是各个朝代文房四宝的代表作，其中以湖笔、徽墨、宣纸、端砚最为名贵。

金光闪闪的金发塔

在珍宝馆里，有一件金发塔最抢眼，它高1米多，用4400两黄金制作而成，塔座和塔身都镶满了宝石，这是乾隆皇帝为了收存他母亲梳落的头发而特意制作的。

清代镇国之宝——金瓯永固杯

金瓯永固杯用黄金制成，周身嵌满了珍珠、宝石，是清代皇帝举行元旦开笔仪式时专用的酒杯。它在清代被视为镇国之宝，世代相传。

↑ 钟表珍品

台北"故宫博物院"——中国

↑ 博物院院前广场

在台北的阳明山脚下，也有一座"故宫博物院"，它建成于1965年，占地16万平方米，是中国大型综合性博物馆之一，也是台湾地区规模最大的博物馆。

台北"故宫博物院"是一座中国传统的宫殿式建筑，白墙绿瓦，依山傍水，气势宏伟。院前的广场上耸立着6根白色石柱组成的牌坊。主体建筑共4层，正院呈梅花形。

第一层是办公室、图书馆和演讲厅；第二层陈列着书画、铜器、瓷器、河南安阳侯家庄墓园模型及墓中出土文物；第三层用于展出书画、玉器、法器、雕刻及图书、文献、碑帖、织绣等；第四层为各种专题特展。

这里的藏品有70多万件，大部分是从北京故宫博物院、颐和园、沈阳故宫等地搬运过来的。分为书法、古画、碑帖、铜器、玉器、陶瓷、文房用具、雕漆、珐琅器、雕刻、刺绣及缂丝、图书、文献等门类，被誉为"中华文化宝库"。

历经战火洗礼的文物

1931年，日本发动"九一八事变"侵占我国东北地区后，国民政府为保护文物，计划将故宫文物南迁。1933年2月，故宫博物院的百万余件文物装箱南运，先运到上海，再转至南京；因逢"七七事变"，又由南京沿三路护送到四川；抗战胜利后，又护送回南京。后来，蒋介石兵败退守台湾后，这批文物中的部分精品又由南京运至台北，成了今天台北"故宫博物院"的主要藏品。

← 碧玉屏风

台北"故宫博物院"里的国宝

1. 西周毛公鼎
2. 西周散氏盘
3. 东晋王羲之《快雪时晴帖》
4. 唐代颜真卿《祭侄文稿》
5. 北宋苏轼《寒食帖》
6. 五代赵干《江行初雪图》
7. 北宋范宽《溪山行旅图》
8. 元代黄公望《富春山居图》
9. 北宋汝窑天青无纹水仙盆
10. 北宋汝窑莲花氏碗
11. 清代玉雕翠玉白菜
12. 清代肉形石

↓ 翠玉白菜

在台北"故宫博物院"收藏的文物中，不仅有2万多片珍贵的甲骨档案，还有陶瓷器2万多件，从原始陶器到明清瓷器应有尽有，比如国宝级的北宋汝窑天青无纹水仙盆、北宋汝窑莲花氏碗等。

1万多件铜器展品中，包括历代钱币以及商周时期的青铜器精品，如商代蟠龙纹盘、兽面纹壶、西周毛公鼎、战国牺尊等。馆藏玉器5万多件，比较著名的有新石器时代的玉璧、玉圭、玉璜，元代大雁玉带饰、清代玉雕翠玉白菜等。

↑ 莲花氏碗

西周毛公鼎

毛公鼎是西周晚期的青铜器，1843年出土于陕西省岐山县。它高53.8厘米，重34.7千克，大口圆腹，三蹄足，造型浑厚凝重，饰纹简洁古雅朴素。鼎上的铭文近500字，是现存青铜器铭文中最长的一篇。铭文书法饱满庄重，充满了无与伦比的古典美，近代书法家对其推崇备至。

以假乱真的肉形石

这块石头乍看像不像是一块令人垂涎三尺、肥瘦相间的东坡肉？其实，这是一块天然的玛瑙，出自内蒙古的阿拉善盟，清康熙时供入宫廷。肉形石的色泽纹理全是天然形成的，工匠将石材加工琢磨，并将表面的石皮染色，做成了这件肉皮、肥肉、瘦肉层次分明，简直可以以假乱真的五花肉，真是巧夺天工呀！

古代书画真迹近1万件,包括从晋至清历代名家的代表作,比如书法有王羲之的《快雪时晴帖》,怀素的《自叙帖》,颜真卿的《刘中使帖》,苏东坡的《寒食帖》;画卷有张宏的《华子冈图》,黄公望的《富春山居图》后半卷等。

此外还有善本古籍近20万册,明清档案文献近40万件,都极其珍贵。

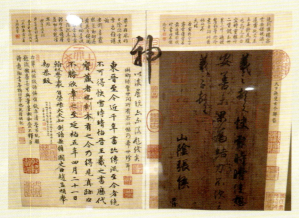

↑《快雪时晴帖》

好一个"中华文化宝库"啊!

印度国家博物馆——印度

　　印度国家博物馆位于贯穿新德里市的拉加帕特街与詹帕特街交会处，是印度最大的博物馆，创立于1949年，1960年开馆。

　　虽然建馆时间很短，但藏品不断丰富，拥有各种珍贵文物共20多万件，这里早已成为全世界著名的博物馆之一。

　　这是一座3层楼建筑，雄伟挺拔。一楼的展厅按时代顺序展示着印度最古老文明的各种

← 释迦牟尼像

文物，包括石器、雕像、工艺品、装饰物等。

在二楼游客可以看到阿旃陀石窟、埃洛拉石窟等壁画摹本《贝叶经》波斯绘画，莫卧儿派细密画，还有来自中国新疆的绢画、帛画以及敦煌壁画，都是稀世之宝。

三楼主要是一些专题陈列，包括古印度的民族服装、染织、民族乐器、木雕、武器、古钱币等。其中，古钱币的藏品数量超过了4万件。

我在新德里等你哟！

↑ 民族乐器

印度国家博物馆里的中国文物

在印度国家博物馆中藏有许多中国文物，包括大量敦煌壁画、出土自吐鲁番的精美绢画和帛画等，比如《观无量寿经变图》《佛陀与比丘》《扛抬大花轿的童子》等壁画，都具有很高的考古价值。而这些文物，都是英国考古学家斯坦因打着考古的名义来中国时盗走的，他当时的探险同时得到了英国和印度政府提供的经费，所以考古所得就按一定比例，一部分运到英国，一部分留在了印度。

《裸体舞女像》

这是一件从莫恒卓·达罗出土的青铜舞女像，它是公元前2000年的作品。作品高约11.4厘米，人物全身裸体，佩有颈饰和精巧的臂镯，是印度国家博物馆中最珍贵的藏品之一。

→《裸体舞女像》

← 古老的佛像

大都会艺术博物馆——美国

↓ 博物馆内部

  大都会艺术博物馆是西半球最大的博物馆，位于纽约第五大道82号大街，整栋大楼凝聚着各个时期不同的建筑风格，典雅壮观。

  大都会艺术博物馆于1870年成立，占地13万平方米，拥有从史前时期到当代的各类藏品300多万件。展览大厅共有3层，分服装、武器盔甲、欧洲雕塑及装饰艺术、埃及艺术、希腊罗马艺术、中世纪艺术、美国艺术等展厅。

大都会艺术博物馆的服装展厅堪称世界之最,这里藏有17—20世纪世界各地服装1万多件,而且每件衣服都有翔实的资料和图片供参观者查询。

在武器盔甲展厅中,我们会看到各式各样的盔甲、盾、宝剑,还有19—20世纪的美国枪械,很多都是国王和王子用过的呢。

欧洲雕塑及装饰艺术展厅有超过5万件展品,包括雕塑、家具、瓷器、玻璃器具、金银珠宝、钟表及纺织品等,最著名的是罗丹的青铜雕塑《加莱义民》。

↑《加莱义民》

↑ 武器盔甲展厅

大都会艺术博物馆修道院分馆

修道院分馆坐落在纽约崔恩堡公园的小丘顶上,1938年创建,建筑本身就是仿中世纪法国修道院的模样建的,几个主要庭院镶嵌的门窗梁柱雕刻精美。这里是美国唯一一家只展出中世纪艺术品的博物馆,珍藏着大约2000件12—15世纪的艺术品,包括雕塑、壁画、彩色玻璃、挂毯、圣餐杯、象牙制品、圣物盒、金属器、珐琅器等。其中,大型"独角兽挂毯",描绘了贵族围猎独角兽的景象,精致生动,是这里的镇馆之宝。

↓ 瓷器花瓶

埃及艺术展厅是面积最大也是最受欢迎的展馆，这里有5万多件埃及文物，几乎都出自埃及的墓葬。比较著名的有丹德神殿、纯金制成的太阳神像、法老彩绘浮雕、图腾纹饰陶罐、木制彩绘女祭司棺柩，等等。

亚洲艺术展厅有超过6万件艺术品，包括从古至今来自亚洲各地的油画、版画、书法、雕塑、金属制品、陶瓷、漆器和纺织品。

绘画作品也是重要的馆藏，我们能想得到的画家的名字，在这里几乎都能找到他们的原作。欧洲绘画展厅里有波提切利、提香、丢勒、鲁本斯、伦勃朗和戈雅等人的作品；绘画特展有达·芬奇、伦勃朗、戈雅等人的作品；19—20世纪早期的欧洲绘画及雕塑展厅里有大量毕加索、马蒂斯、德加、马奈、雷诺阿、凡高、高更、杜西欧、修拉的作品。最著名的是德加的《舞蹈教室》和杜西欧的《圣母与圣婴》。

来看一看吧，相信你一定会大有收获！

镇馆之宝

丹德神殿：这是在埃及以外世界上仅有的一座埃及古神殿。这座公元前15世纪的神殿重达800吨，是由专家们从尼罗河边原封不动地整体迁移过来的。1965年，埃及准备建设阿斯旺水坝，包括丹德神殿在内的很多文物古迹都面临被淹没的危险。当时，美国全力出资帮助抢救这些文物，埃及政府为了答谢美国政府，就把这座神殿送给了美国。

《舞蹈教室》：这是法国著名印象派画家德加于1874年创作的油画。这幅作品捕捉了舞者们日常练习的瞬间：20多个穿着纯白舞衣的芭蕾舞者们，有的正练习舞蹈动作，有的正在整装，有的则心不在焉地发呆。年迈的老师正在指导一个学生，远处角落里还站着几个盛装的贵妇。画家把每一位人物的造型和神韵都刻画得恰到好处，将舞蹈教室特有的氛围表现得淋漓尽致。

纽约现代艺术博物馆——美国

纽约现代艺术博物馆坐落在纽约市曼哈顿城中，建于1929年，是世界上最重要的现当代艺术博物馆之一。

博物馆主要展示从19世纪末至今的艺术品，藏品以绘画为主，还包括雕塑、摄影、印刷品、商业设计、电影、建筑、家具及装饰艺术等项目。目前博物馆藏有个人作品超过15万件、电影2万多部以及400万幅电影剧照。

其中最著名的作品包括：凡高的《星夜》、毕加索的《亚威农少女》、达利的《记忆的永恒》、莫奈的《睡莲》、马蒂斯的《舞》、蒙德里安的《百老汇爵士乐》、塞尚的《沐浴者》、卡洛的《短发的自画像》等。

↑ 博物馆外观

另外,还有不少美国现代艺术家的经典作品,如怀斯的《克里斯蒂娜的世界》、安迪·沃霍尔的《坎贝尔汤罐头》等。

如果你对现代艺术感兴趣,就到纽约现代艺术博物馆来吧!

↑《坎贝尔汤罐头》

镇馆之宝

《星夜》:这是凡高的代表作之一。1889年,凡高第二次精神崩溃后,住进了法国圣雷米的一家精神病院,并在那里创作了150多幅作品,《星夜》就是其中的一幅。这幅画描绘的是想象出来的美妙景象:一棵柏树如黑色火舌般直上云端,一些黄色的星与闪光的橘黄色的月亮形成旋涡,夜空下,村庄已陷入沉睡。画面上部的线条粗犷弯曲,急促而充满动感;底部的村落则用破碎的短线表现,使躁动的天空和宁静的村庄形成了强烈的对比。

↑《亚威农少女》

《亚威农少女》:这幅画由毕加索创作于1907年,是第一幅被认为有立体主义倾向的作品。毕加索以立体主义方法来表现5个裸女,人物由几何形体组合而成,背景也做了任意分割,没有远近的感觉,给人极强的视觉冲击力。这幅画开创了立体主义的新局面。

↑《星夜》

自然博物馆

ZIRAN BOWUGUAN

森根堡自然博物馆——德国

森根堡自然博物馆位于法兰克福市，是德国最大的自然博物馆，也是世界上最著名的博物馆之一。

博物馆紧邻法兰克福大学老校区，面积超过7000平方米。博物馆前的广场上有两个仿真恐龙，让游客从这里开始探索自然的时空之旅。

大门两侧矗立着两根石柱，分别由玄武岩和花岗岩雕成，代表地球上的两种最基本的岩石。博物馆正面的屋顶上装饰着时间之神柯罗诺斯的雕像。

↑ 柯罗诺斯雕像

博物馆的由来

森根堡自然博物馆的建立与德国著名医生、慈善家森根堡密切相关。1763年，森根堡赞助并建立了森根堡基金会，希望能促进科学的发展。1817年，在德国文学家歌德的倡议下，17名法兰克福公民在森根堡基金会的基础上建立了森根堡自然研究协会，协会靠私人的捐款展开各项活动。1821年，协会建立了"公共自然博物标本室"，这就是森根堡自然博物馆的前身。1904年，在研究协会的筹备和资助下，森根堡自然博物馆在法兰克福开工，并于1907年建成。博物馆每年都会得到一些著名医生、律师、企业家的捐款，还有许多人向博物馆捐赠大量珍贵的私人收藏作为展品。

↑ 森根堡

博物馆珍藏着约2100万件从世界各地收集的动植物标本、古生物化石标本和矿物岩石标本。博物馆有4个展厅：海洋生物展厅、昆虫鸟类展厅、爬行动物展厅和哺乳类展厅。

海洋生物展厅有大量的鹦鹉螺化石、水母化石、古鱼类化石，还有色彩斑斓、形态各异的海洋鱼类和贝类标本。古鱼类有的长度超过了10米，连鱼鳞都保存完好，仿佛放进水里就能游起来！

↑ 古鱼类化石

↓ 史前猫木乃伊

走进昆虫鸟类展厅，我们会看到无数千奇百怪的鸟类标本——鹦鹉、猫头鹰、百灵鸟……这里收藏的鸟类标本数量在世界上也名列前茅，其中有些标本非常珍贵。

爬行动物展厅收藏着欧洲最丰富的大型爬行类动物标本，展厅的巨幅壁画展示了它们的分布和进化状况。这些标本包括蟒蛇、乌龟、科莫多巨蜥……其中，一个蟒蛇吞水豚的标本十分吓人。

除此之外，这里还陈列了恐龙主要类群的重要标本，其中许多都是稀世之宝，如始祖鸟化石、三角龙化石、世界上唯一一具保存完好的盾齿龙骨架、鹦鹉嘴龙化石、恐龙蛋化石和霸王龙模型……简直像一个恐龙王国！

↑羊骨骼化石

哺乳类展厅里有大量哺乳动物的化石和标本,比如15米长的鲸化石,威猛的猛犸象化石,活灵活现的棕熊、大猩猩、穿山甲、豪猪、狼、羊等动物标本或骨骼标本,让人大长见识。

相信你一定会喜欢这座博物馆的!

自然科学的启蒙学校

为了普及自然科学知识,森根堡自然博物馆制订了专门的博物馆教育计划。德国中小学生到博物馆里来接受自然科学教育已经成了必修课之一。学生们参观的同时,还要回答各种问题,作为一次成绩考核,有趣有益。森根堡自然博物馆已经成为一所德国自然科学的启蒙学校。

英国自然历史博物馆位于伦敦，建筑面积达4万多平方米，是欧洲最大的自然历史博物馆之一。

这是一座18世纪的维多利亚式建筑，看上去更像一座古老的大教堂。要知道，这里可是《哈利·波特》系列电影的拍摄地之一哟！

博物馆共有3层，珍藏着7000多万件展品。全馆有20间大陈列厅，分为古生物、矿物、植物、动物、生态和人类6个主题。

↑哈利·波特

英国自然历史博物馆——英国

走进中央展厅,迎接我们的是一具完整的梁龙骨架模型,它的名字叫"迪皮",长达25米,几乎占据了整个大厅,它是博物馆的镇馆之宝。

来到沃特豪斯中央走廊,只见两侧的墙上布满了各种海洋化石,仿佛进入了海底的时光隧道一般。

在通往中央展厅二楼的楼梯口,有一个拥有1341年高龄的巨杉树——马克·吐温树的横截面,年轮上还标注着树木生长时期的历史事件,它来自美国的西海岸,与巨杉树遥相呼应的是达尔文的坐像。

马克·吐温树

博物馆里有一件著名的展品,叫马克·吐温树,是以美国著名作家马克·吐温的名字命名的,以表彰其保护树木的壮举。它是一段巨杉树的切面,树龄有1341年,原树高101米,直径长达10米。1891年,两个工人用时13天才把这棵树砍断。科学家把树木生长时期的重要历史事件标注在年轮上,使它成为一件非常壮观的艺术品。

达尔文与进化论

达尔文是英国著名的生物学家,他曾经乘坐"贝格尔"号军舰做了历时5年的环球航行,对世界各地的动植物和地质结构等进行了大量的考察,并采集了各种标本。1859年,他出版了《物种起源》一书,提出了生物进化论学说,成为进化论的奠基人。达尔文研究进化论时采集的一些标本就珍藏在英国自然历史博物馆。

↑世界上最完整的剑龙骨架化石

昆虫展厅里珍藏着2800万只昆虫标本,是世界第二大昆虫标本珍藏馆。这里的蝴蝶标本馆藏量居世界第一,有900多万种。

恐龙展厅是整个博物馆最热门的地方了,里面光线昏暗,走进去仿佛穿越到了恐龙世界:地面上立着的是巨型恐龙的骨架,天花板上悬吊着的则是些小型恐龙的骨架,其中暴龙、三角龙、剑龙、翼龙、蛇颈龙……应有尽有,还有能随着人的移动来回转身并发出咆哮声的仿真恐龙,让人头皮发麻。瞧,这里竟然还有恐龙蛋孵化的模拟现场,可以让人亲眼看到小恐龙的诞生!

↑达尔文坐像

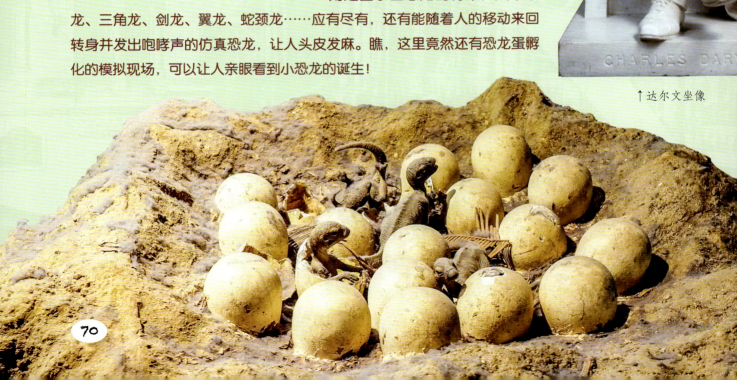

　　鸟类展厅里不但有大大小小的鸟类标本，还有各种鸟嘴、鸟蛋的标本和介绍，看看有多少是你能叫得出名字的小鸟吧！

　　哺乳动物展厅的标本种类繁多、数量惊人，其中还包括很多已经灭绝的动物，非常珍贵。非洲羚羊、长颈鹿、狮子、豹、狓狳、鸭嘴兽、针鼹、儒艮、大熊猫……简直让人眼花缭乱。

海洋生物展厅展出的鱼类标本品种多样，从浅海鱼类到会自己发光的深海鱼类，数不胜数。其中最引人注目的是大蓝鲸标本，它长达33米、体重超过150吨，是世界上现存体积最大的动物标本。

在现代植物和化石植物展厅，你会看到3亿年前的古蕨类、各种植物的树叶标本等，可以学到很多植物知识。

世界上最大的鱿鱼标本

2006年，英国自然历史博物馆展出了一条世界上最大、最完整的鱿鱼标本，它长达8.62米，拥有一双长约0.25米的巨眼！巨型鱿鱼生活在海平面下1千米深处，有8只粗壮的"手臂"，外加两条超长的用于捕食的触须。标本一经展出，就引起了众多参观者极大的兴趣。

受诅咒的宝石

博物馆里最有传奇色彩的藏品恐怕要数德里紫蓝宝石了。据说这块宝石携带"诅咒"，它的多任主人都灾难连连，因此曾多年被锁在柜子里。它镶嵌在一枚银戒指上，表面绘有文字及星相符号，是一位英国士兵1857年从印度掠得并带回英国的，后来捐给了英国自然历史博物馆。直到2007年，这枚被收藏多年的宝石才得以重见天日，在博物馆进行永久性展出。

　　地球馆的人气也很旺，长方形拱形玻璃顶的尽头是一只旋转的巨型地球模型。两侧的墙上用灯光投射变换着太阳系八大行星和星座图。一部自动扶梯将游客送入地球模型的内部，就可以看到地球内部的结构，感受风、水、冰、火山等自然现象的演变。

　　最令人震撼的还有矿物展厅，从各种矿物、岩石、宝石标本，到来自天外的各种陨石，应有尽有。其中的珍宝馆是世界宝石珍品的殿堂，有许多价值连城的宝石和钻石，而且大部分是真品，光彩夺目。

↑ 各种宝石珍品

每年来这里参观的游客都超过几百万人呢！

法国国家自然历史博物馆——法国

↑ 博物馆远景

← "诺亚"

在巴黎市中心的塞纳河畔左岸，坐落着一座全世界闻名的博物馆——法国国家自然历史博物馆。

这座博物馆于1650年对公众开放，占地面积达22万平方米，是法国历史最悠久、规模最宏大的自然科学类博物馆。

博物馆主要由比较解剖学和古生物学馆、大演化馆、矿物学与地质学馆、巴黎植物园、动物园等组成。各个展馆分布在植物园中，游人在不同展馆之间穿梭时就可以欣赏到各种奇花异草。

比较解剖学和古生物学馆珍藏着3.6万件标本。走进去首先会看到一个没有皮肤的"人"——"诺亚"在招手迎客，他身后是数百个朝着同一方向的动物骨

巴黎植物园

巴黎植物园历史悠久,现在是法国国家自然历史博物馆的一部分。植物园里又分为植物学院、阿尔卑斯花园、玫瑰园、迷宫和鸢尾花园,种植着来自世界各地的花草树木。植物园里栽培有150种大丽花属植物,100多种美人蕉属植物,还有300多种耐寒植物,1.5万多种娇嫩植物。

↑巴黎植物园里种植着大量仙人掌

架,四周是鱼类、爬行动物、鸟类、哺乳动物和人类的大脑、内脏标本,以及各种畸形的人体标本。此外,这里还陈列着梁龙、三角龙、乳齿象、猛犸象、鱼龙、恐龙蛋等古生物的化石标本,共约1万件,非常壮观。

昆虫馆展出了大约 1500 件标本,是从世界上最具代表性的昆虫中挑选出来的,形状奇特、色彩艳丽,深受观众喜爱。

博物馆最引人注目的是大演化馆,共 4 层,有 6000 平方米的永久性陈列。一层是海洋动物,一进门就能看到一具须鲸骨架和巨型鲨鱼标本。二层陈列陆地生物,包括非洲草原哺乳动物、撒哈拉沙漠动

布封

在博物馆幽静的草坪中央,有一尊布封的铜坐像,他手执一只鸟的标本,凝视着往来的游客。布封是 18 世纪法国博物学家、作家,曾在博物馆工作过 50 年,并用 40 年时间写成 36 卷巨册的《自然史》,是进化论的先驱。

↑布封画像

渡渡鸟

渡渡鸟是生活在印度洋毛里求斯岛上的一种鸟,它们身躯臃肿,翅膀退化,善于奔走,不能飞翔,性格温顺而笨拙,栖息在林地中。这种鸟在被人类发现后仅 200 年的时间里,便由于人类的捕杀和相关行为的影响彻底绝灭,堪称除恐龙之外最著名的已灭绝动物之一。

物、极地动物、美洲雨林动物等。三层中间是由大象引领的一列动物小队，仿佛奔向诺亚方舟，场景极为壮观；另一侧的长廊里展示着许多已经灭绝的或濒危动物的标本，如渡渡鸟、袋狼、藏羚羊等。四层介绍现代的进化观念，可以欣赏到动物多样性之美。

　　矿物学与地质学馆收藏着约 24 万件矿物标本，其中最吸引观众的是法国皇帝路易十四搜集的 1000 多件宝石和 2500 件陨石。观众会欣赏到无数的天然金块、紫红水晶、红蓝宝石、黄玉等，绚丽夺目。

我在巴黎等你哟！

瑞典国家自然历史博物馆——瑞典

瑞典国家自然历史博物馆位于斯德哥尔摩,成立于1819年,建筑面积达4.1万平方米,收藏着约1100万件展品。

博物馆分为古生物、植物、动物、极地生物、矿物等展厅。

古生物展厅里,有人们感兴趣的恐龙、恐鸟、猛犸象、剑齿虎等标本。

→ 恐鸟

诺贝尔

诺贝尔是瑞典著名的化学家、工程师、发明家、军工装备制造商和炸药的发明者。1895年,诺贝尔立遗嘱将其遗产的大部分作为基金,将基金每年所得利息分为5份,设立诺贝尔奖,分为物理、化学、生理学或医学、文学、和平5个奖项,授予世界各国在这些领域对人类做出重大贡献的人。

植物展厅有许多植物的根、茎、叶标本，具有重要的科学价值。

动物展厅里最热闹了，全是来自世界各地的动物标本。从大猩猩、孟加拉虎、袋狼等哺乳动物，到各种鸟类标本，还有让人眼花缭乱的蝴蝶墙。

极地生物展厅有灰鲸、露脊鲸、座头鲸等鲸鱼的标本和骨骼标本，也有海象、海狮、北美野牛、驼鹿、猞猁、北极狐、大海雀、海鹦鹉、北极燕鸥的标本。动物标本都有相应的环境布置，比如鲸鱼的旁边有捕鲸船的仿真模型；仿真岩石上布满了海鸟的洞，每个洞里都有海鸟或鸟蛋标本。人们还能听到音箱里发出的各种动物的叫声，就像到实地探险一样，是不是很有趣呢？

↓ 鲸和骨骼标本

瑞典国家自然历史博物馆欢迎你！

维也纳自然史博物馆——奥地利

维也纳自然史博物馆坐落在霍夫堡宫西南侧的环城大道上,像宫殿一样富丽堂皇,1889年对外开放,是世界十大自然史博物馆之一。博物馆的常设展厅占据两层楼,面积达8700平方米,超过2500万件藏品在史前文化矿物岩石、地球历史及化石和生物演化四大展厅展出。

史前文化展厅通过石雕、壁画等展示了奥地利的史前人类活动遗迹。

矿物岩石展厅主要展出各种矿物、岩石、陨石和宝石,其中最著名的藏品是巴伐利亚王后玛丽亚·特蕾莎亲手为丈夫制作的宝石花束,由1500颗钻石和1200颗颜色各异的宝石镶嵌而成。

↑矿物岩石展厅

地球历史及化石展厅大有看头，有海量史前的动植物骨骼化石和动植物仿真标本，比如梁龙、无齿翼龙、猛犸象、古巨龟、菊石、琥珀中的昆虫……

生物演化展厅展出了上千种动物标本，从微生物、珊瑚、软体动物、昆虫，到鱼类、鸟类、哺乳动物，个个栩栩如生。

↑腔棘鱼

"多瑙河的女神"——维也纳

↓维也纳音乐厅

维也纳位于阿尔卑斯山北麓，三面环山，多瑙河从市区静静地流过，四周环绕着森林，到处郁郁葱葱，生机勃勃。维也纳还是欧洲古典音乐的中心，出现了贝多芬、莫扎特、施特劳斯等音乐大师。奥地利最著名的景点有斯蒂芬大教堂、音乐之家、维也纳音乐厅、美泉宫等。

如果你来肯定会不虚此行的！

澳大利亚博物馆——澳大利亚

↑矿石标本

　　澳大利亚博物馆位于悉尼市海德公园附近，是世界公认的十家顶级自然博物馆之一。它建于1827年，也是澳大利亚第一家博物馆。它的建筑本身就是一件艺术品，线条简洁明快，配之以五颜六色的外墙装饰，让人过目难忘。

　　博物馆一共3层，收藏着约875万件标本，分属人类学、动物学、古生物学、环境科学和矿物学。

　　最受欢迎的是几个土著文化展厅，展示了大量土著居民的劳动工具、生活用品、手工艺品、装饰品等，从背篓、头盔、面具、腰带，到石刻、祭祀用品，还有打猎用的工具。其中，最重要的展品是树皮画。除此以外，博物馆还有一个展厅，专门展出澳大利亚土著艺术家的艺术作品。

"超级鳄鱼"

澳大利亚博物馆的藏品中有一只庞大的鳄鱼模型。它大约生活在一亿一千万年前的河流中,身长达 11 米,体重 10—11 吨,无疑是史前最可怕的终极杀手之一,被称为"超级鳄鱼"。科学家估计,这可能是目前已知在地球上所出现的体型最大的鳄鱼,它的骸骨化石是 2000 年在撒哈拉大沙漠出土的。

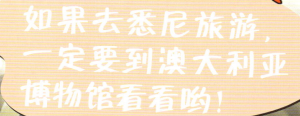

在哺乳动物展厅里,从小小的针鼹、蝙蝠,到凶猛的狮子、黑熊,应有尽有。其中又以树袋熊、袋鼠、袋熊、袋獾、袋狼等有袋类动物最为精彩。

恐龙展厅展出了包括三角龙、翼龙、暴龙、艾伯塔龙、五彩冠龙、帝龙在内的多种珍稀恐龙的复原骨骼模型,以及化石标本。

海洋动物展厅主要展出生活在澳大利亚大堡礁的热带海洋动物,比如小丑鱼、巨蚌、大乌贼、大海龟、五颜六色的海星等。

最有趣的是一个骨架展厅,专门展出各种动物的骨架。从鱼类、两栖动物、爬行动物、鸟类到哺乳动物的骨架,种类繁多。

此外,还有专门展示鸟类、节肢动物、爬行动物标本的展厅。令人闻之色变的蛇类,带剧毒的蜘蛛,世界上最大的蟑螂,22 米长的恐龙,都值得一看。

矿物展厅有 5000 多种矿石标本,其中有珍贵的猫眼石、钻石、天然金块等。

如果去悉尼旅游,一定要到澳大利亚博物馆看看哟!

美国自然历史博物馆——美国

美国自然历史博物馆位于纽约曼哈顿区，和大都会艺术博物馆遥遥相对，占地 7 万平方千米，是世界上规模最大的自然历史博物馆。

它建于 1869 年，是一座综合古罗马与文艺复兴样式的雄伟建筑，正门耸立着罗斯福总统骑马的铜像，以纪念他对自然保护方面做出的贡献。

博物馆总共有 3600 多万件展品，分布在 42 个展厅内。

博物馆分 4 层。第一层有北美洲哺乳动物、陨石、宝石、海洋生物、北美洲森林、生态百态、人类生态学与进化、矿物等展厅。

↑ 博物馆导图

《博物馆奇妙夜Ⅰ》的拍摄地

你看过美国著名的奇幻电影《博物馆奇妙夜Ⅰ》吗？电影里，博物馆里的标本会在深夜里奇迹般地复活，有趣极了。这部电影的取景地就是美国自然历史博物馆，很多电影中出现的人物、动物、标本等都能在这里找到原型。2006年这部电影上映以后，博物馆的游客量大幅上升。

→《博物馆奇妙夜Ⅰ》剧照

→棕熊

北美洲哺乳动物展厅有野牛、驯鹿、棕熊等大量动物标本。北美洲森林展厅将北美洲有名的12座森林各复制一部分，同时用音响设备模拟野兽嗥叫、鸟类鸣啭，观众看时如身临其境。此外，这里也有一段马克·吐温树的横截面呢。

陨石展厅展出了大大小小的陨石，包括重达31吨的超大陨石。

宝石展厅内陈列着五光十色的红宝石、蓝宝石、翡翠、绿松石和孔雀石，最有名的是重达563克拉的"印度之星"蓝宝石。

↑驯鹿

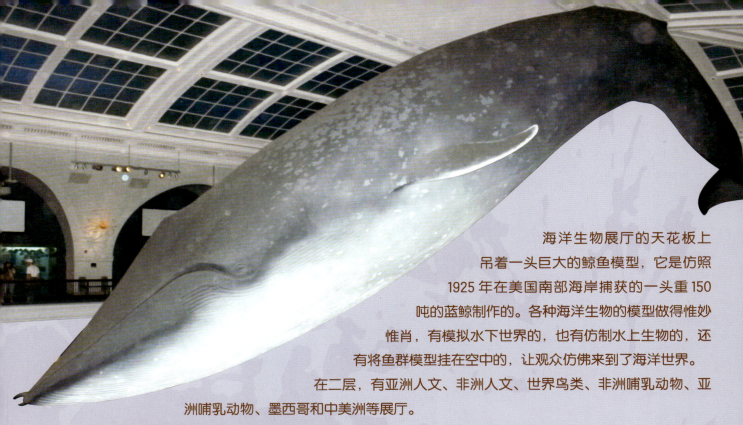

海洋生物展厅的天花板上吊着一头巨大的鲸鱼模型，它是仿照1925年在美国南部海岸捕获的一头重150吨的蓝鲸制作的。各种海洋生物的模型做得惟妙惟肖，有模拟水下世界的，也有仿制水上生物的，还有将鱼群模型挂在空中的，让观众仿佛来到了海洋世界。

在二层，有亚洲人文、非洲人文、世界鸟类、非洲哺乳动物、亚洲哺乳动物、墨西哥和中美洲等展厅。

亚洲人文展厅里有亚洲不同国家的风土人情展示。

非洲人文展厅主要展示非洲人的生活场景、用具、服饰等。

来到世界鸟类展厅，橱窗里展示着各种鸟类的标本和生活场景。

↑ 非洲羚羊

↑ 白鹭

海登天文馆

海登天文馆是美国自然历史博物馆的一部分,它是世界上最大的天文馆,包括一个拥有上万册图书的天文图书馆和一个太空剧场。太空剧场会放映全景电影,描述宇宙的起源与演化,场面宏伟,视觉效果震撼无比。

非洲哺乳动物展厅的中央是非洲象群标本,周围还有大量实物大小的非洲动物标本。

亚洲哺乳动物展厅里都是大家熟悉的动物,从大熊猫、金丝猴、东北虎,到水牛、梅花鹿,应有尽有。

↑ 东北虎

在三层，有爬行动物和两栖动物、灵长类、纽约州哺乳动物、北美鸟类、东部林地和平原印第安人、太平洋人文等展厅。

爬行动物和两栖动物展厅中既有乌龟的骨骼，也有各种蛙类、蜥蜴和蛇类的标本。

灵长类展厅深受小朋友喜欢，因为这里有很多卷尾猴、僧帽猴、环尾狐猴、黑猩猩的标本。

太平洋人文展厅有澳大利亚、新西兰等国家的风土人情展示，如复活节岛摩艾石像、茅草屋等。

↑史前巨犰狳的骨骼化石

↑灵长类动物

古生物展厅的稀世之宝

在古生物展厅，有很多稀世之宝，其中一件是罕见的恐龙蛋化石，它是在中国内蒙古地区发现的，已经有3800万年的历史了；另一件珍宝是恐龙皮肤化石，它们粗糙且布满疙瘩，让人们可以直观地认识恐龙；还有一具距今1.4万年的完整的乳齿象骨架。

标本的布置

值得一提的是，美国自然历史博物馆中的动物标本通常都摆放在不同大小的展览橱窗里，标本是实物大小的，并配上它们生活的真实场景，然后再用图画配在背景中。真实场景和背景连接得天衣无缝，让这些动物标本看起来就像是活的一般。

在东部林地和平原印第安人展厅，有很多印第安人的人物和住所模型，如有趣的长屋、棚屋。展厅的房顶上悬挂着一艘长达 19 米的独木舟，它是 1878 年由西北海岸印第安人利用一棵巨大的雪松树干制作的。

四层是古生物展厅，有原始哺乳动物、鸟类、恐龙、高级哺乳动物等展厅。

恐龙展厅收藏有世界上丰富的恐龙化石，包括基龙、长棘龙、雷龙、三角龙、异特龙、翼龙、暴龙……

→独木舟

↑三角龙化石

快到美国自然历史博物馆来大饱眼福吧！

华盛顿国家自然历史博物馆——美国

华盛顿国家自然历史博物馆坐落在华盛顿哥伦比亚特区，是一座希腊神庙式的古典建筑，于1910年开馆，展品多达1.2亿件，是《博物馆奇妙夜Ⅱ》的拍摄地哦。

博物馆大厅站立着一头世界上最大的非洲象标本，高达4米，是博物馆的标志。

博物馆分3层，第一层的动植物标本数量最多、最精彩，包括动植物化石标本，海洋、各大洲动物标本等主题展馆。

哺乳动物馆收集了大量长颈鹿、狮子、北极熊等动物标本，大有看头。

恐龙馆是最受欢迎的地方，有霸王龙、三角龙、鸭嘴龙、腕龙等珍贵的恐龙骨骼化石。

活的昆虫乐园

博物馆里有一个活的昆虫乐园——奥尔金昆虫动物园。甲虫、螳螂、竹节虫、蝴蝶等 60 多种昆虫，展示在大玻璃橱中。不同昆虫按种类分隔生活在各自的区域内，里面有花草树木，还有池塘。这里还有一个大型的蝴蝶羽化箱，不断有美丽的蝴蝶孵化出来，让小朋友惊呼不已。

↑ 蝴蝶的一生

↓ 矿物宝石馆展品

海洋馆内有近 700 件海洋动物标本和模型，最引人注目的就是悬挂在空中的一个长达 27.6 米、世界上最大的须鲸标本。

第二层有近 10 类陈列，而矿物宝石馆的名气最大。这里有来自世界各地的矿物标本和各类宝石，其中镇馆之宝是一颗重 45.52 克拉的蓝宝石——"希望之星"。

第三层的蝴蝶和植物实物馆也大受欢迎，海量的蝴蝶标本让人眼花缭乱。

还等什么，来华盛顿国家自然历史博物馆参观吧！

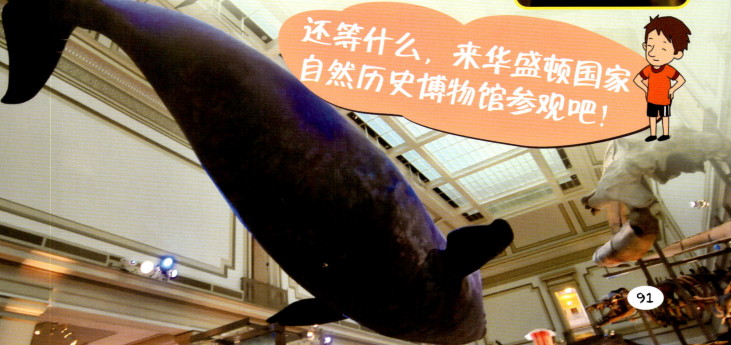

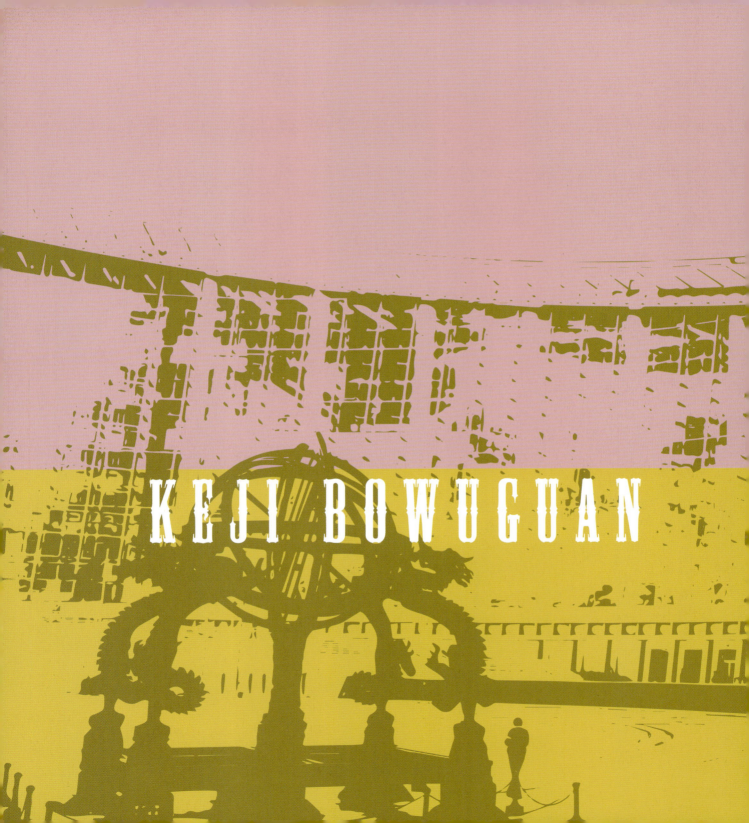

伦敦科学博物馆——英国

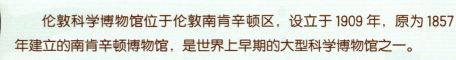

↑ 瓦特头像

伦敦科学博物馆位于伦敦南肯辛顿区，设立于1909年，原为1857年建立的南肯辛顿博物馆，是世界上早期的大型科学博物馆之一。

博物馆总面积约4.5万平方米，高4层，藏品数量超过20万件。第一层的动力机械馆内，有水轮、风车、内燃机、瓦特改良的蒸汽机等展品；电力馆里有一套100万伏的放电装置，表演人工闪电；交通运输馆

数学画廊

2016年，伦敦科学博物馆开放了一个专门用于数学研究和探索的新展馆，那就是数学画廊。展厅中心的天花板上悬吊着建造于1929年的第一架实验用双翼飞机，里面陈列着100多件展品，包括17世纪的星空地图、手持数学运算工具、第二次世界大战期间使用的解码机等。该展馆开放后大受欢迎。

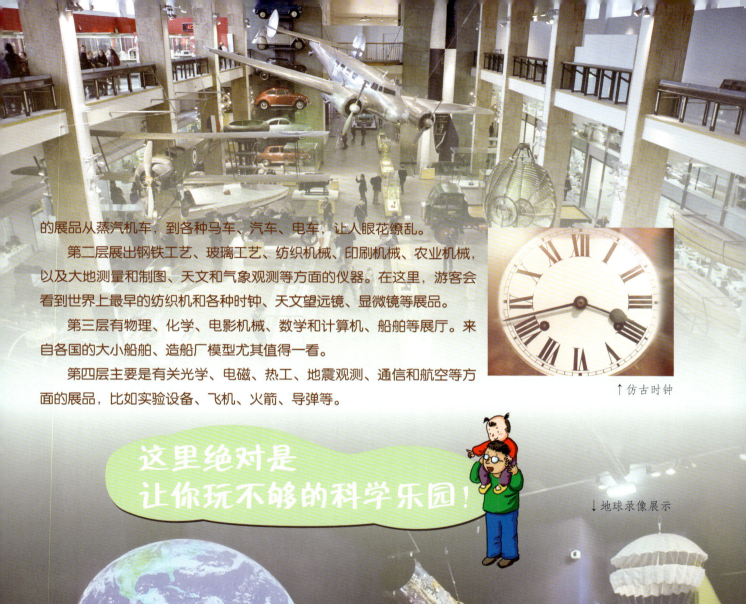

的展品从蒸汽机车，到各种马车、汽车、电车，让人眼花缭乱。

第二层展出钢铁工艺、玻璃工艺、纺织机械、印刷机械、农业机械，以及大地测量和制图、天文和气象观测等方面的仪器。在这里，游客会看到世界上最早的纺织机和各种时钟、天文望远镜、显微镜等展品。

第三层有物理、化学、电影机械、数学和计算机、船舶等展厅。来自各国的大小船舶、造船厂模型尤其值得一看。

第四层主要是有关光学、电磁、热工、地震观测、通信和航空等方面的展品，比如实验设备、飞机、火箭、导弹等。

↑仿古时钟

这里绝对是让你玩不够的科学乐园！

↓地球录像展示

→"阿里亚娜"号火箭

拉维莱特科学工业城——法国

在巴黎的拉维莱特公园内,矗立着一座世界上装备最先进、功能最完善的现代科学博物馆——拉维莱特科学工业城。

工业城于1986年开放,科学馆是其核心建筑,占地面积2.1万平方米,上下7层,设4大主题展厅。

第一部分:从地球到宇宙。介绍人类探究地球、海洋、外太空的活动。著名展品有"勒诺蒂勒"号潜艇的复制品、"阿里亚娜"号火箭模型、"哥伦比亚"号空间站模拟舱、巨大的天象放映仪等。

光彩夺目的"晶球"

拉维莱特科学工业城有两座主要建筑,一座是科学馆,另一座就是"晶球"。它耸立在一个环形水池之中,内部直径达 36 米,球面由 6433 块三角形不锈钢板构成。晶球表面光洁如镜,在阳光下能反射出四周的景致。晶球内部是一个可容纳 360 人的球幕电影院,安装着一幅面积近 1000 平方米的半球面屏幕,并用 IMAX 投影仪放大影像,再加上功率达 21000 瓦的声效装置,观众观看电影时就像置身于科幻世界一样!

↓ 胚胎发育过程

第二部分:生命的奇迹。在一个小型剧场里,电影屏幕展现的是精子和卵子结合,以及受精卵发育成胎儿直至出生的过程。

第三部分:物质与人类劳动。将能源、技术发展等枯燥的学科知识,通过智能机器人的高超表演、模拟游戏等生动的形式展示给观众。

第四部分:语言与交流。这部分是一系列引导观众探索人的意识、情感和行为的实验,非常有趣。

快到这里来开启一段梦幻之旅吧!

→ 高科技展品

德意志博物馆坐落在慕尼黑市伊萨尔河中的一个岛上，始建于1903年，是世界上最大的科技博物馆之一。

博物馆展出面积约5万平方米，藏品超过5万件，展品涵盖了物理、化学、农业、通信、水利、电力、交通运输、机械、航空航天等领域。

这里的很多主题展馆都非常吸引人。航海馆是帆船、轮船、潜艇的世界；走进汽车馆，从蒸汽机车、电气机车、燃油汽车，到引擎、发动机等配件，让人目

↑博物馆门口

德意志博物馆——德国

不暇接；在飞机馆，各种螺旋桨飞机、喷气式飞机、战斗机应有尽有；乐器馆内陈列着大量德国产的精良乐器；研究用藏品馆珍藏着很多仪器、机器、器械及模型；天文馆的星象仪、天文望远镜、投影仪都大有看头；荣誉馆存放着著名自然科学家和发明家的照片、肖像画、半身塑像……

真是一座科学知识的殿堂！

↑爱迪生塑像

马德堡半球

1654年5月8日，德国马德堡市市长奥托·冯·格里克让人把两个直径30多厘米的空心铜半球紧贴在一起，用抽气机抽出球内的空气，然后用两队马向相反的方向拉两个半球，最终用16匹马才将它们拉开，马用尽了全力把两个半球拉开时还发出了很大的响声，这就是著名的马德堡半球实验。当年进行实验的两个半球至今仍保存在德意志博物馆中。

安大略科学中心——加拿大

安大略科学中心坐落在加拿大多伦多市郊，1969年对外开放。它以独特的建筑和先进的展览技术，成为世界科技博物馆中的佼佼者。

博物馆总面积为4.7万平方米，相连的3栋大楼沿坡而建，共10个展示大厅，包含600多种展示与体验活动。

这里的很多展品不但可以看，还可以摸和玩，让观众在动手参与和亲身体验的乐趣中学习科学知识。

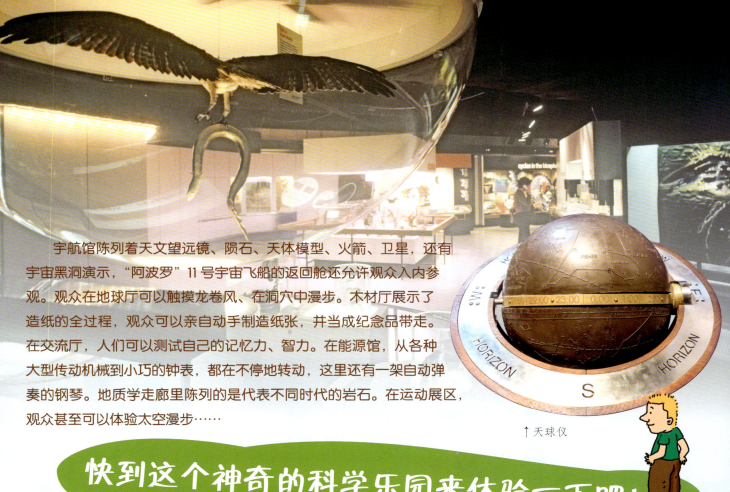

宇航馆陈列着天文望远镜、陨石、天体模型、火箭、卫星，还有宇宙黑洞演示，"阿波罗"11号宇宙飞船的返回舱还允许观众入内参观。观众在地球厅可以触摸龙卷风、在洞穴中漫步。木材厅展示了造纸的全过程，观众可以亲自动手制造纸张，并当成纪念品带走。在交流厅，人们可以测试自己的记忆力、智力。在能源馆，从各种大型传动机械到小巧的钟表，都在不停地转动，这里还有一架自动弹奏的钢琴。地质学走廊里陈列的是代表不同时代的岩石。在运动展区，观众甚至可以体验太空漫步……

↑ 天球仪

快到这个神奇的科学乐园来体验一下吧！

有趣的技术表演和科学试验

安大略科学中心为了将科学与技术以迷人而有趣的方式展示给观众，还有专门的技术表演和科学试验区，有些手工业和工业部门的车间就设在这里。比如，在制造玻璃的车间，会呈现生产玻璃的全过程；走进印刷车间，人们将有幸看到一本出版物的印刷全过程；在静电实验台，观众可以站在范德格拉夫起电机旁，亲自体验一下触摸球形金属罩导致"怒发冲冠"的奇妙现象；在激光表演台，观众会看到二氧化碳激光器将硅打穿，并点燃木条，从而了解激光的性能和应用。

↑ "怒发冲冠"

芝加哥科学与工业博物馆——美国

芝加哥科学与工业博物馆坐落在密歇根湖畔，建于1933年，拥有超过3.5万件展品，是美国历史最悠久、规模最大的科学博物馆之一，共有3层，75个展厅。

镇馆之宝——U505潜水艇

这是美军第二次世界大战时期从德国军队缴获的唯一一艘潜水艇，也是世界现存的唯一一艘IX-C型潜水艇。U505潜水艇于1941年5月25日在德国汉堡建成下水，1944年6月4日在非洲海岸被美国海军俘获。1954年，这艘潜水艇被捐给芝加哥科学与工业博物馆，开始对外展出，是美国最著名的历史纪念物之一。

交通展厅最受小朋友欢迎，有很多货真价实的飞机、战斗机和航天器，还有各种汽车、火车的实物或者模型。

船舶模型展区珍藏着大量帆船、潜水艇、邮轮、航空母舰的模型，还有完整的船厂模型。

人体奥秘展厅通过实物、标本、模型、幻灯片、图片等手段，向观众介绍人体健康知识。

走进科学风暴展厅，观众会看到模拟的飓风、雪崩和海啸，磁悬浮列车模型，触摸等离子体球，目睹100万伏的发电机所产生的震耳欲聋的人工闪电。

博物馆设有大量体验项目，观众可以亲自在玩具生产线上制作玩具、利用模型让热气球升空、驱动磁悬浮列车，也可以在仿真煤矿里体验采矿过程，还可以利用温控器孵化小鸡……

↑ 游客体验

别犹豫了，快来亲自感受科技带来的震撼吧！

加州科学中心——美国

镇馆之宝——"奋进"号航天飞机

加州科学中心里最受关注的展品是"奋进"号航天飞机。它制成于1991年，高36.6米，宽23.4米，长约120米，重71吨，造价20亿美元，是美国国家航空航天局肯尼迪太空中心旗下第五架执行太空飞行任务的航天飞机。1992年5月7日首次飞行，2011年5月16日飞往国际空间站后正式退役，服役期间共执行了25次航天飞行任务，飞行距离超过1.85亿千米，绕地球大约4700圈。"奋进"号航天飞机退役后被送往加州科学中心进行永久展示，并成为这里的镇馆之宝。

加州科学中心位于洛杉矶博览会公园内，始建于1912年。包括航空航天馆、创造力世界馆、水族馆、生命世界馆、科学殿堂等展馆。

在航空航天馆，观众会看到各种飞机、航天器、太空望远镜，近距离感受"奋进"号航天飞机的魅力，还可以模拟飞行、操纵战斗机。

创造力世界馆展示了信息、能源、运输、材料等方面的科学知识，观众在这里可以体验攀岩、垃圾分类，参与发电、土壤过滤、雨水循环等项目。

来到水族馆，能看到缤纷多彩的海洋生物。

生命世界馆展示的内容最丰富，通过生命过程、生命起源、细胞实验室、能量工厂、消化系统、人体工程等项目展示生命科学。人体工程是最具人气的展品，用多媒体技术通过一个卡通小人和一个巨人的配合演示，让观众明白人体器官是怎样工作的。

↑航空航天馆展品

↑水族馆内部

科技馆的每个展区都各有特色，其中的秘密等你自己来发掘哟！

东京国立科学博物馆——日本

东京国立科学博物馆于1877年1月建立,是日本最大的自然科学博物馆。博物馆在台东区的上野公园广场旁边,馆外的长须鲸模型是博物馆的标志性建筑。

博物馆里面分为地球馆与日本馆,收藏品共有8.9万余件。

地球馆里面展示的是地球生命史、地球的变迁、生物多样性,以及人类的变迁、科学技术的进步、宇宙的法则等。展品包括恐龙的骨骼复原像和由"阿波罗"号宇宙飞船带回的月球岩石标本等。

日本科学未来馆

除了东京国立科学博物馆，日本还有其他的科技馆，如日本科学未来馆。它位于东京，常设展示区由"地球环境与前沿科学""技术革新与未来""信息科技与社会"以及"生命科学与人类"四大部分构成。Geo-Cosmos是科学未来馆的标志性展品，它是一个直径为6.5米、表面镶嵌着约100万个LED的球体显示器，悬挂在6楼高空，根据卫星数据等可模拟地球、月球、各类行星等的形态，还可显示全球海面温度、模拟全球转暖实验，等等。除展示外，科学未来馆里还设有两个高科技影院。一个是可以欣赏全方位影像和天象的球幕影院GAIA，另一个是可以模拟体验假想空间的VR影院。

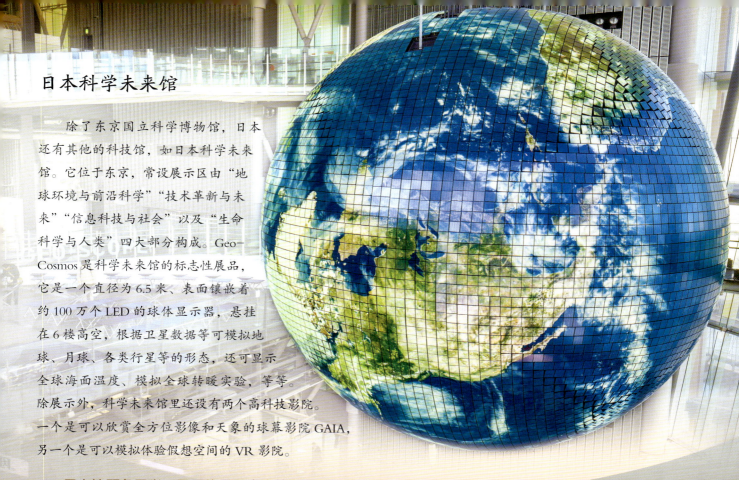

日本馆顾名思义，展示的是日本人的起源，日本本土的动植物，日本的文字、医学、科技等方面的内容，例如从古至今的各种计量工具和劳动工具等。

博物馆里有一间360度影像室，绝对不要错过。此外，这里有许多特别适合小朋友参与的趣味互动项目，以及夜间的天体观测项目，让喜爱科学的人获得宝贵的体验。

真是一个普及科技知识的好地方！

上海科技馆——中国

→ 智慧之光展厅里的辉光球群

上海科技馆坐落于上海浦东新区的世纪广场,建筑面积10.06万平方米。整个建筑是呈螺旋形上升的不对称结构。西侧是一个由低到高逐渐递增的扇形空间,表现了科学技术的不断进步;中间是一个巨大的玻璃球体,镶嵌在一潭清水之间,寓意着生命的诞生;东侧是4层的框架结构展区。

上海科技馆分为11个风格各异的常设展厅、4个高科技特种影院、3个浮雕长廊、2个主题特展和若干个临时展厅。

↑ 生物万象展厅里的热带雨林

一层共有 5 个常设展区，一边是生物万象，另一边依次是地壳探秘、彩虹儿童乐园、智慧之光和设计师摇篮，还有一个动物世界特展。公共空间墙面是"中国古代科技长廊"，以浮雕形式再现了中国古代科学技术史。

二层有地球家园、信息时代、机器人世界 3 个常设展区和蜘蛛特展。过道是"院士风采长廊"，墙上贴着为我国做出杰出贡献的两院院士照片，姿态各异，写实逼真。

三层设有探索之光、人与健康、宇航天地 3 个展区。"探索者长廊"位于科技馆二层和三层的公共空间墙面，以浅浮雕的艺术手段介绍了在人类文明史上留下不朽业绩的 20 位科学家及其主要成就。

↑ 动物世界特展里的非洲动物群

↑ 蜘蛛特展的展品

欢迎到上海科技馆来亲自体验！

亚洲地区最大的科学影城

上海科技馆科学影城拥有 4 个风格迥异的特色影院：IMAX 巨幕影院、IWERKS 4D 影院、IMAX 球幕影院、太空影院。这 4 个特色影院分布在科技馆的展区中，组成了亚洲地区最大的科学影城。在 2002 年 12 月上海科技馆刚开始对外开放的时候，这里是上海第一家也是中国第一家同时拥有 IMAX 和 4D 电影院的地方。

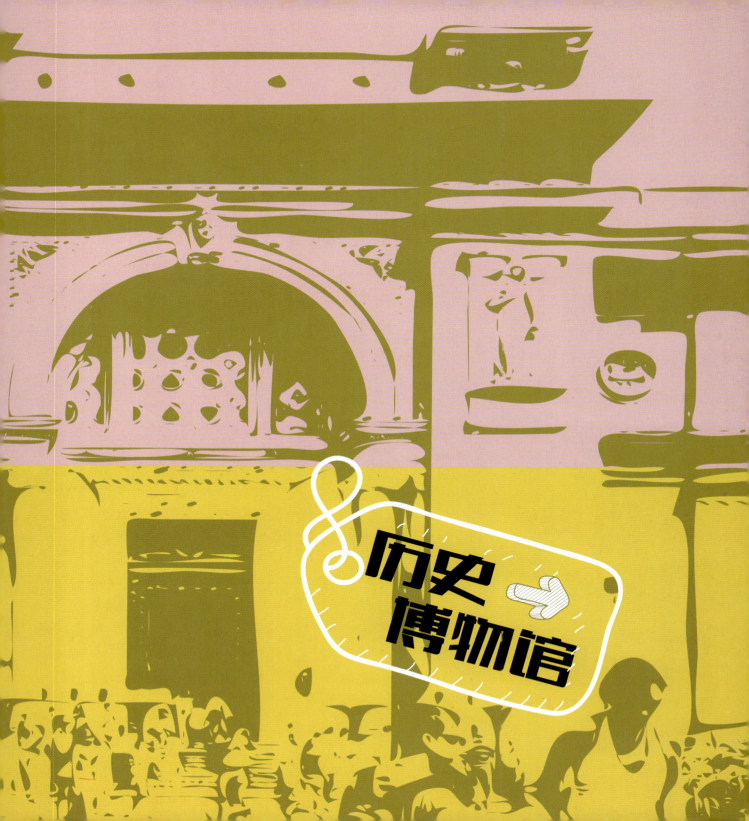

埃及国家博物馆——埃及

图坦卡蒙墓出土文物展厅

图坦卡蒙是古埃及新王国时期第十八王朝的一位法老，他的陵墓是英国考古学家霍华德·卡特于1922年在尼罗河西岸沙漠的帝王谷中发现的。墓中完好地保存了3000多年前的大量珍贵文物，出土的文物近2000件，包括家具、器皿、雕塑、武器、战车、纺织品、金银珠宝等。其中黄金面罩、金棺、金御座、金冠等物品精美绝伦，都是埃及国家博物馆的镇馆之宝。图坦卡蒙黄金面罩是依照国王生前容貌打造的，由金箔制成，镶有宝石和彩色玻璃，重达11千克，是世界上最精美的艺术珍品之一。图坦卡蒙金棺闪闪发光，用450磅（1磅＝0.45千克）纯金制成，是人类历史上最精致的金制品之一。

↑ 图坦卡蒙黄金面罩

↑花岗岩纪念碑

埃及国家博物馆位于尼罗河畔的解放广场，是世界上最著名、规模最大的收藏古埃及文物的博物馆。

它建于1858年，是一幢砖红色的长方形建筑，共两层，结构非常简单，里面的藏品却异常丰富，超过30万件。

第一层按照文物的年代展出，以顺时针方向展示埃及各个王朝的文物。有古岩画、壁画、石片、法老船，还有很多大型石像、石棺以及木雕。著名的石像包括法老哈夫拉坐像、古埃及书记像，以及用5米高的整块石灰岩雕成的国王拉美西斯二世同王后坐像。

第二层都是主题展厅，陈列着古埃及的生活用品、首饰和艺术品等，其中又以法老木乃伊展室和图坦卡蒙墓出土文物展厅最著名。法老木乃伊展室保存着十几具古埃及法老和王后的木乃伊，最著名的是拉美西斯二世的木乃伊。

木乃伊→

想了解古埃及劳动人民的生活面貌，就来这里参观吧！

中国国家博物馆——中国

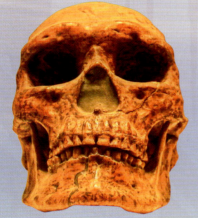

↑山顶洞人头骨

中国国家博物馆坐落在北京市天安门广场东侧，总建筑面积近20万平方米，藏品数量达140万余件，是我国文物收藏量最多的博物馆之一。

博物馆设有"古代中国"和"复兴之路"两个基本陈列。

↑石佛像

"古代中国"陈列共10个展厅，以王朝更替为主要脉络，分为8个部分，陈列着2520件珍贵文物。比如远古时期的石器、北京人和山顶洞人头骨化石复制品、黑陶罐、人面鱼纹彩陶盆，夏商西周时期的青铜镜、玉龙、玉凤、卜骨，春秋战国时期的青铜方壶、青铜剑、刀币，秦汉时期的陶马、陶俑、琅玡刻石、金缕玉衣、各种画像砖，三国两晋南北朝时期的青瓷莲花尊、陶院落、禅修图壁画、石佛像，隋唐五代的石刻、铜镜、镶金边白玉杯，辽宋夏金元时期的鎏金银冠、木雕观音像、针灸铜人体模型、汝窑洗，明清时期的珐琅器、青瓷器、玉印等。

镇馆之宝

四羊方尊：1938年出土于湖南宁乡，是商朝晚期的青铜礼器，祭祀用品。方口，长颈，高圈足。四边饰有蕉叶纹、三角夔纹和兽面纹；肩饰高浮雕蛇身而有爪的龙纹；肩部四隅是4个卷角羊头。它结构精巧、制作精细，被史学界称为"臻于极致的青铜典范"，位列"十大传世国宝"之一。

后母戊鼎：1939年出土于河南安阳，因鼎腹内壁上铸有"后母戊"三字得名。据考证，"后母戊"是商王武丁的后妃妇妌的庙号。鼎呈长方形，重达832.84千克。造型厚重典雅，纹饰美观，反映了中国青铜铸造的超高工艺和艺术水平。它是迄今世界上出土最大、最重的青铜礼器，享有"镇国之宝"的美誉。

↑四羊方尊

↑后母戊鼎

↑《开国大典》油画

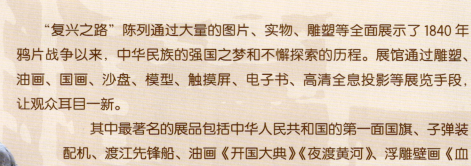

← 地雷战场景

"复兴之路"陈列通过大量的图片、实物、雕塑等全面展示了1840年鸦片战争以来,中华民族的强国之梦和不懈探索的历程。展馆通过雕塑、油画、国画、沙盘、模型、触摸屏、电子书、高清全息投影等展览手段,让观众耳目一新。

其中最著名的展品包括中华人民共和国的第一面国旗、子弹装配机、渡江先锋船、油画《开国大典》《夜渡黄河》、浮雕壁画《血肉长城》、雕塑《艰苦岁月》《苦难的中国人民》、"神舟"号飞船模型、"神舟"5号飞船返回舱、三峡大坝和青藏铁路的景观模型等。

除了两大基本陈列,博物馆还设有中国古代青铜器艺术、中国古代瓷器艺术、中国古代玉器艺术、中国古代经典绘画艺术、中

镇馆之宝

唐三彩骑驼乐舞俑：1957年出土于陕西西安，骆驼高58.4厘米，首尾长43.4厘米。驼背上是2个汉人和3个胡人（西域人）组成的乐舞队。一人表演胡舞，其余乐工在演奏胡乐。它显示了我国唐三彩技艺之精湛，反映了盛唐时期各民族间交往的空前盛况。

金缕玉衣：1973年出土于河北省定县，是西汉中山怀王刘修的殓服。这件金缕玉衣呈黄色，包括头罩、脸盖、上衣前后片、左右袖筒、左右手套、左右裤筒。总长1.82米，玉片用金丝线连缀而成，总计用了1203片玉、约2567克金丝。这件金缕玉衣形制完整，做工非常精细，是国宝级文物。

国古代佛造像艺术、中国古代钱币艺术等十几个艺术门类的专题展览，并经常举办国际交流展览。

欢迎来这里欣赏中国最顶级的文物！

秦始皇帝陵博物院——中国

博物院的由来

1974年3月，陕西省临潼县西杨村的村民在秦始皇陵东侧14米处打井时，发现一个陶制的人头像，经陕西省文物局考古队的勘探和挖掘，才揭开了埋葬于地下的2000多年前的秦俑宝藏。1975年，国家决定在俑坑原址上建立博物馆，并于1979年对外开放。秦始皇陵兵马俑是世界考古史上最伟大的发现之一，被誉为"世界第八大奇迹"。

↓考古队工作

↓ 兵马俑展品

秦始皇帝陵博物院位于陕西省西安市，是以秦始皇兵马俑博物馆为基础，以秦始皇帝陵遗址公园为依托的一座大型遗址博物院。参观点以秦兵马俑一号坑、二号坑和三号坑为主。

3个兵马俑坑呈品字形排列，总面积达2万多平方米。一号坑是博物院的主体，包括6000多件陶俑、陶马和40多辆战车，呈长方形列阵。二号坑有陶俑900多件、战车89辆、驾车陶马356匹、鞍马100余匹。三号坑中有68件陶俑、4匹陶马和1辆战车，是一号坑和二号坑军团的统帅部。

陶俑、陶马与真人真马比例相当。陶俑又分为将军俑、军吏俑、武士俑等几个级别，它们的服饰、冠带、神态各不相同，几千个俑没有相同的脸，体现了中国古代工匠的高超技艺。

博物院还设有出土文物陈列室和秦陵铜车马陈列室，分别陈列着出土的剑、戈、戟、吴钩、弩机等青铜兵器和两辆大型彩绘青铜马车。

↓ 彩绘青铜马车

秦始皇兵马俑气势磅礴，是当之无愧的"世界第八大奇迹"！

东京国立博物馆——日本

东京国立博物馆位于上野公园北端，创建于 1872 年，是日本最大、历史最悠久的博物馆之一。

博物馆内有本馆、表庆馆、法隆寺宝物馆、东洋馆、平成馆和黑田纪念馆 6 个展馆，约 11 万件藏品。

本馆主要陈列日本美术作品、出土文物、工艺品，有瑞花双凤八花镜、《松林图屏风》等国宝，以及武士铠甲、歌舞伎装束、浮世绘、佛像雕刻、漆器、日本刀、陶瓷、书画等文物。

表庆馆现在除临时举办特展及活动之外关闭。

法隆寺宝物馆专门展出1878年奈良法隆寺向皇室献的约300件宝物，比如摩耶夫人及天人像、龙首瓶、镀金佛像等，藏品极其珍贵。

东洋馆陈列着亚洲各国、埃及等国家和地区的工艺美术作品和考古文物，其中以中国艺术品为主。

平成馆设有考古文物展室、企划展室、讲堂、休息厅、饮食区，以及举办特展的专用会场。

黑田纪念馆主要用于展览日本的西洋画家黑田清辉的作品。

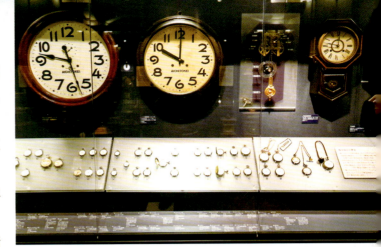

↑各种钟表展品

博物馆里的中国文物

东京国立博物馆是日本收藏中国文物数量最多的博物馆，东洋馆内有11个展室专门陈列中国文物。在这里，游客可以看到史前的石器和彩陶，商周时代的青铜器和玉器，汉代的陶器和画像石，魏晋南北朝时的佛像，唐代的金银器和唐三彩，宋、元、明、清时的瓷器和书画等。其中部分文物是历史上日本从中国掠夺走的。

↑摩耶夫人及天人像

这里是了解日本历史和传统文化的不二之选！

121

国立美国历史博物馆——美国

国立美国历史博物馆坐落在华盛顿的宪法大道,建于1876年,1964年对外开放,是美国最大的历史博物馆。

这是一座5层楼的白色大理石建筑,里面收藏着1700多万件与美国历史有关的文物。博物馆展区分3层。

"第一夫人"展厅

在博物馆的第二层,设有一个独特的"第一夫人"展厅。这里展出了南希·里根、希拉里·克林顿、米歇尔·奥巴马等多届总统夫人的蜡像及在就职典礼上所穿过的礼服等,从独特角度展示了美国200多年间服饰的演变。

↑希拉里·克林顿画像

↑ 充满历史感的展品

第一层的陈列主要反映美国的科技发展史。陈列的展品涉及农业、电力、海运、铁路、动力机械等方面。展品有世界上最早的缝纫机和联合收割机，美国早期的马车和汽车，贝尔发明的电话机原型等。

第二层的陈列主要反映美国的建国史和民情风俗。用复原陈列的方式展示了欧洲移民的住房模型、家具、生活用品等。珍贵展品有美国历届总统就职典礼穿过的礼服，杰斐逊起草《独立宣言》时用过的办公桌等。

第三层设军队史、武器、报纸、邮政、乐器、货币与纪念章、陶瓷器等展厅。展出的藏品有华盛顿穿过的军服，"费拉德费尔"号军舰遗骸，1861年的报纸印刷机，具有各国民族特色的乐器，18世纪邮局模型，还有7.5万枚邮票。

↓ 枪支展品

如果你想了解美国历史，到这里来准没错！

墨西哥国立人类学博物馆——墨西哥

墨西哥国立人类学博物馆位于墨西哥城查普尔特佩克公园内，建筑面积4.4万平方米，1964年对外开放，是拉丁美洲最大和最著名的博物馆之一。

博物馆门口有一座用整块石头刻成的"雨神"雕塑，高8.5米，重168吨。院内立有一根图腾铜柱，上面有一个巨大的蓄水的蘑菇顶，向四周喷洒，像一个"雨泉"。

馆内收藏和展出的主要是印第安人的文明史。博物馆分两层：第一层有12个展厅，统称"古代文化遗产"，浓缩了4000年来古代印第安各部族留下的文化遗产。最有代表性的展品有3500—4000年

← "雨神"雕塑

← 太阳历石

博物馆的由来

墨西哥国立人类学博物馆的建立始于太阳历石的发现与保存。太阳历石是阿兹特克文化的象征，古代阿兹特克人把太阳历雕刻在一座巨石上，很像一个圆盘，直径3.6米，重24吨。1520年，西班牙殖民者入侵阿兹特克帝国的首都时，将其深埋在地下。直到1790年，太阳历石才被挖掘出来，得以重见天日。为了更好地保存太阳历石，考古学家提出了建造一座博物馆的构想。1865年，首座墨西哥国立博物馆建成。第二次世界大战以后，随着藏品不断丰富，墨西哥政府又重新建造了一座规模更大的博物馆，这就是墨西哥国立人类学博物馆，并于1964年9月落成开放。

前，墨西哥中南部以种植玉米为主的定居村落模型和以陶器、陶俑、碑石为主的初期宗教文化艺术品；奥尔美加文化的象征——巨石头像；2000年前特奥蒂瓦坎古城遗址模型，包括太阳金字塔、月亮金字塔、水神殿及其他宗教建筑。

↑ 太阳金字塔与月亮金字塔

阿兹特克人敬畏的大地女神雕像

这座雕像属国宝级展品，于1790年在特诺奇蒂特兰城遗址上被发现。雕像被刻画成双蛇头、鹰爪，穿着蛇裙，挂着用头颅、四肢和心脏串成的项链的形象，是其他诸神的生身母亲。

一层有两个最重要的展厅，那就是玛雅文化馆和阿兹特克文化馆。玛雅文化馆内收藏的彩绘人像锅、彩绘陶锅、美洲虎瓮、玉米神像香炉、笑面人像、人面纹香炉、雨神像瓮、波南巴克壁画、翡翠面具、帕兰凯王墓、神殿等，都是玛雅文明遗留下来的珍品。

→玉石面具及珠宝展品

←玛雅遗址展品

阿兹特克文化馆内,太阳石、特诺奇蒂特兰城模型、月亮神石雕、专盛活人心脏以献给太阳的"奥塞罗考西卡利"石质容器等展品都是阿兹特克文明的象征。

第二层共 10 个展厅,统称"现代印第安人的生活",展出印第安人的服饰、房屋、生活用具、宗教仪器、乐器、武器、壁画等。在这里游客可以欣赏到以木材、秸秆和泥浆为建筑材料的传统建筑,还有手纺布制成的多彩服饰和各种陶制品、面具及家具。

↑女神像

快来这里和古老的美洲文明亲密接触吧!

↑珍贵的史前岩画

希腊国家考古博物馆——希腊

希腊国家考古博物馆位于雅典，建于1866年，是希腊最大的博物馆。

博物馆收藏着近2万件文物，分为两层展示，共50多个展室。

进入博物馆前厅，就会看到迈锡尼文物展厅。这里有黄金面具，金角银制公牛，镶嵌金银的青铜短剑，用黄金、象牙和宝石制作的饰品，以及近700件黄金板和刻有迈锡尼文字的黏土板等展品。

博物馆数量最多的藏品是青铜像和大理石像。雕塑展厅有大量古代雕塑作品，几乎都出自古希腊神话，如爱神阿佛洛狄忒、智慧女神雅典娜、半人半牛怪米诺陶诺斯等大理石像。

↑黄金面具

→智慧女神雅典娜

在青铜器展厅,游客会看到战盔、箭镞、日用器皿和航海用具等,最著名的有屋大维、海神波塞冬、少年和马等铜像,以及主神宙斯、太阳神阿波罗等铜像。

陶器展厅有大量瓶、罐、壶、杯、碗等各式陶器。

镇馆之宝

海神波塞冬青铜像:约完成于公元前460年,体现了古希腊人高超的雕塑艺术。

拳击少年壁画:是在圣托里尼岛南部的阿克罗蒂里遗址中发现的。

←拳击少年壁画

这里的艺术品品类齐全、工艺精细、造型优美,绝对让你不虚此行!

→海神波塞冬青铜像

JUNSHI BOWUGUAN

盔甲博物馆——奥地利

盔甲博物馆坐落在奥地利的第二大城市格拉茨，于1642年建成，收藏着3万多件甲胄和冷兵器，是全世界规模最大的古代兵器收藏馆之一。

博物馆有4层。第一层主要展示各式轻重火器、步兵用的黑色铁制胸甲和轻骑兵用的甲胄。这一层还存放了大量的火枪，包括火绳枪、燧发枪、滑膛枪等。其中，45磅重的钢制臼炮、15世纪早期发射石弹的火绳枪等都是馆藏珍品。

←博物馆门口的罗马神话中的战神玛尔斯

↑各种盔甲展品

在第二层和第三层，游客可以看到各种步兵、轻骑兵和重装骑兵的盔甲。这些盔甲的制作年代不同、材质不同，并且来自世界各国，其中还有战马专用的盔甲呢！

第四层主要展示冷兵器，以奥地利产的冷兵器为主，也有一部分是来自历次战役中在战场上缴获的战利品。

如果你对古代兵器感兴趣，一定要到这个古老的兵器王国看看哟！

什么是冷兵器

冷兵器是指不带有火药、炸药或其他燃烧物，在战斗中直接杀伤敌人，保护自己的近战武器装备。冷兵器一般构造简单，按使用特点，可分为打击兵器，例如狼牙棒、流星锤等；刺杀兵器，例如剑、长矛、长枪、刺刀等；砍劈兵器，例如战斧、钺、镰等；两用劈刺或劈砍兵器，例如军刀、戟、马刀等。

博物馆门口的古罗马神话中的战争女神弥涅尔瓦→

奥地利陆军历史博物馆——奥地利

奥地利陆军历史博物馆坐落在维也纳的美景宫附近，是世界军事史上最重要的博物馆之一。

博物馆于 1856 年建成，融合了拜占庭、巴洛克等多种古典建筑风格，占地达 6000 多平方米。

博物馆有两层，分为将帅厅、楼梯间、荣誉厅、重炮厅、海军厅和空军厅等主题展厅。里面的藏品非常

↓ 博物馆门前的大炮

↓斐迪南大公遇刺时穿的军装

丰富，包括奥地利不同时代的武器装备，从古时候的各式战刀、长矛、弓弩、佩剑、盔甲、战车，到手枪、机枪、步枪、轻重机枪、飞机、坦克、大炮、装甲车等现代武器，不同时期的军旗、军装等。还有大量照片、绘画、图书、人物雕像和模型。

最著名的展品有第一次世界大战时奥匈帝国制造的信天翁侦察机的原型机，奥匈帝国军队使用的各种手榴弹，奥匈帝国2万吨级主力舰"维里布斯·乌尼提斯"号模型，斐迪南大公在萨拉热窝遇刺时穿的军装和乘坐的汽车，荣誉厅的战争壁画，等等。

↑斐迪南大公遇刺过程图

如果你是个军事迷，可一定要来呦！

荣誉厅

荣誉厅位于二层的正中央，由3间大厅组成，地面为大理石镶花饰地板，墙壁和顶部用嵌花镀金大理石材料勾出不同的图案，金碧辉煌，气势宏伟。正厅中央的圆顶画着巨幅壁画，表现了奥地利历史上伟大的战役及重大事迹，如诺德林根之役、泽塔之役、西班牙王位继承战争等。展厅顶部有帝国时代各辖省的国徽，中间入口处放置的玻璃框内则展出历代皇家勋章。

将帅厅

博物馆的前厅又叫将帅厅，这里陈列了56座奥地利历史上知名的战将雕像，每座高度均为186厘米，用白色大理石雕刻而成，雕像上标注着姓名和生卒年，每一座都栩栩如生。

伦敦帝国战争博物馆——英国

　　帝国战争博物馆是一座有着多个分馆的全国性博物馆,大部分分馆设在伦敦。伦敦帝国战争博物馆位于伦敦市中心的泰晤士河东岸。远远望去,博物馆尖尖的屋顶像座教堂。走到跟前,看到两门大口径舰炮,就知道这个是博物馆的入口啦。

　　博物馆内部是一个被钢架和玻璃拱顶覆盖的长方形的开放空间,分上、中、下3层,从平台到拱形的天花板上都摆满或挂满了各式各样的武器装备。

　　博物馆的一层正中是个大展厅,也是主要的武器陈列厅。这里的展品都是第一次世界大战到第二次世界大战时期,在世界兵器史上占有一席之

↑帝国战争博物馆其他分馆展品

博物馆的由来

1917年，第一次世界大战期间，英国政府决定建立一座国家战争博物馆来收集、展示与战争有关的物品，并将其命名为帝国战争博物馆。1920年，博物馆在水晶宫正式开馆，1936年迁入现址。后来，博物馆逐渐增加了第二次世界大战和与现代军事行动有关的藏品，形成了今天的规模。

博物馆的藏品大到飞机、装甲战车、海军舰艇模型，小到制服、徽章、个人装备、奖章和装饰品，还有大量海报、画作、雕刻品、书籍，以及珍贵的电影胶片、录像带、照片、底片和历史录音带等展品，翔实地记录了从1914年第一次世界大战开始到20世纪现代战争的方方面面。

地的武器，其中最著名的有第二次世界大战时美国在日本广岛投掷的首枚原子弹"小男孩"、德国的V-2弹道式导弹及意大利人力鱼雷等模型，美国的P-51野马式、英国的喷火式、德国的FW190等第二次世界大战时的主力战斗机，德国的88毫米高射炮、英国MARK-Ⅱ速射炮、阿根廷20毫米双管防空高射机枪，还有各种战舰模型等。

↑第一次世界大战时的英国战机：索普威斯F-1骆驼

↓英法联合研制的协和超音速客机

最吸引小朋友的是展厅中的各种装甲车辆，苏联的 T-34 坦克、英国的 MARK-Ⅶ 步兵坦克、德国的虎式坦克、美国的 M4 中型坦克等都是坦克中的明星。

↑ 苏联的 T-34 坦克

↑ 德国的虎式坦克

曼彻斯特帝国战争博物馆

在英国的曼彻斯特，也有一座帝国战争博物馆。它于 2002 年开馆，建筑造型很奇特，就像由 3 片弧形碎片组成，两片躺在地上，一片竖起。博物馆展厅分为海、陆、空 3 个主题，展品有枪支、鱼雷、坦克的实物与模型及相关老照片等，并应用了许多高科技元素，包括定时变幻的室内灯光、关于战争纪录片的投影等。其中，有一个战斗机展厅特别受小朋友欢迎，孩子们在这里可以穿上飞行服，背上降落伞包，坐在机舱内体验一回当飞行员的感觉。

↓ 曼彻斯特帝国战争博物馆的战斗机

博物馆中还有许多独立主题的展厅。

在坑道模拟展厅，游客可亲历战争的残酷：展厅内运用声、光、电等技术，使得枪炮声、喊杀声此起彼伏。蜡像模型展示了逼真的战争场面：泥泞的战壕里，英国士兵正在艰苦备战；简陋的医疗救护所里，军医正在抢救伤员……除了蜡像，展厅墙上还有当年战地记者拍摄的照片。

有几个展厅是专门纪念第一次世界大战的，比如反映第一次世界大战的艺术品展、英国第一次世界大战中颁发的勋章展、第一次世界大战军旅诗人作品展等。

另外，还有"伦敦大空袭"模拟展厅，借助照片、电影和录音手段，游客会体验到军用飞机在头顶隆隆飞过、炸弹呼啸着冲向地面、滚滚浓烟笼罩着废墟的恐怖感受……

来这个博物馆参观绝对震撼！

巴黎荣军院——法国

荣军院的由来

巴黎荣军院建于 1670 年,是"太阳王"路易十四下令为历次战争中的伤残军人修建的一座疗养院。后来荣军院又被赋予了博物馆、陈列馆的功能。如 1872 年,荣军院内建成了炮兵博物馆,1896 年成立了军事历史博物馆。1905 年,两馆合并成为现在的法兰西军事博物馆。为了纪念创建者,荣军院大门的正上方刻有路易十四骑马的浮雕像。

在美丽的塞纳河边,有一座高大的圆屋顶的古老建筑,这就是著名的巴黎荣军院。

它是世界上展品最丰富的军事博物馆之一,包含拿破仑墓、第一次及第二次世界大战馆、王冠陈列馆、中世纪馆、路易十三馆、兵工厂馆、马上狩猎和骑士比武馆、东方馆、大型枪支馆、欧洲馆等一系列展馆。

↑ 第一次世界大战时的法国陆军元帅福煕的石棺

博物馆的藏品多达50万件，包括盔甲、枪械、大炮、战车、军队乐器、军人制服、徽章以及照片、雕像、绘画等，此外还有关于战争和军事名人的电影。

博物馆中最吸引游人目光的，要数法兰西皇帝拿破仑的陵墓了。荣军院正门的圆顶教堂叫作圣路易教堂，拿破仑墓就设在教堂正下方的地下室里。

拿破仑墓安置在地下室大厅中央，四周有12根石柱，分别装饰着浮雕，代表他参加过的一次次光辉的战役。他的遗骸放在六层棺椁之中，显得庄严肃穆。

巴黎荣军院既是一个旅游的好去处，也是学习军事知识的课堂！

古代战士盔甲→

索缪尔坦克博物馆——法国

在法国中部的索缪尔市，有目前世界上大型的坦克、装甲车博物馆——索缪尔坦克博物馆。

博物馆分为很多主题展馆，比如法国馆、第二次世界大战德国馆、苏联馆、第二次世界大战盟军馆、现代法国馆、火炮馆、各国现代坦克馆等。这里共珍藏着来自 13 个国家的 800 多辆坦克、装甲车辆和若干火炮，其中约 200 辆坦克维持在可操作状态。

法国馆主要展示两次世界大战期间的法国制装甲车辆，包括 AMR35 装甲车、R35 和 R39 坦克、H35 和 H39 坦克、B1 重型坦克等，还有一些法国制的军用摩托车和卡车。

对军事迷而言，最受瞩目的无疑是第二次世界大战德国馆，这里收集了Ⅱ号、Ⅲ号、Ⅳ号、豹式、虎式、虎王式等多款德国坦克，此外还有多款驱逐坦克、突击炮、自行火炮、防空炮车等。

↑室内展馆

↓第二次世界大战中主要使用的德国坦克

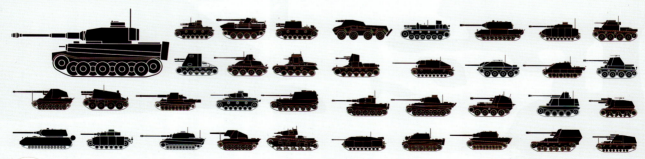

↓室外展览

博物馆的由来

索缪尔坦克博物馆成立于1978年，前身是AMX坦克工厂设在索缪尔的一座装甲车车库。博物馆从20世纪50年代末期开始收集第二次世界大战时期的装甲车辆，逐渐形成了今天的规模。

第二次世界大战盟军馆收集了美国、英国、苏联制造的最具代表性的坦克，如美国制M-4和M-5坦克、英国制丘吉尔式坦克、苏联制T-34坦克等。

现代法国馆主要展出第二次世界大战后法国研制的各款装甲车辆，有冷战坦克、装甲运兵车、导弹发射车等。

欢迎你到坦克王国来！

MUSEE DES BLINDES

GENERAL ESTIENNE

俄罗斯中央武装力量博物馆——俄罗斯

俄罗斯中央武装力量博物馆坐落在莫斯科市苏维埃军队街，建于1919年，收藏有80多万件苏联和俄罗斯军队的军事装备和用品。

博物馆共有24间展厅，按时间顺序展示了俄罗斯武装力量发展的不同阶段，从消音自动步枪、狙击步枪、自动手枪、水下手枪、反坦克地雷、手榴弹、侦察兵匕首等轻武器，到各种精致的军用车辆、电子侦察卫星、自动榴弹发射器、伞兵坦克、原子弹模型，再到老照片、各个时期的军旗、勋章和军人制服，甚至还有美国间谍飞机残骸。

博物馆还专门为"库尔斯克"号核潜艇布置了一个展台，包括潜艇模型和打捞上来的遗物等。

露天展区展出的都是大型武器装备，比如T-80坦克、原子火炮、鱼雷发射器、舰炮、苏-24超音速战斗轰炸机、米格-29及苏-27战斗机等。

↑ 露天展品

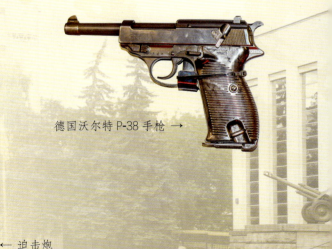
德国沃尔特P-38手枪 →

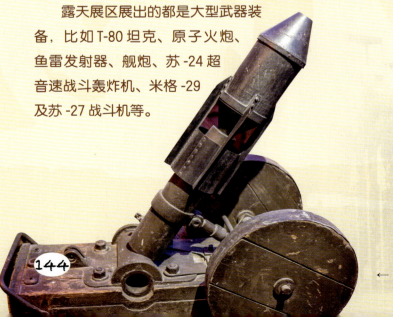
← 迫击炮

"库尔斯克"号核潜艇

"库尔斯克"号核潜艇是一艘俄罗斯海军 949A 型核潜艇。潜艇长 154 米，宽 18.2 米，上浮吃水 9 米，排水量 1.39 万吨，潜水深度 300—600 米。1994 年 5 月下水，1995 年被编入俄罗斯海军北方舰队。它属于俄罗斯第三代巡航式导弹核潜艇，是俄罗斯海军力量的核心，共建造了 12 艘，是人类有史以来单舰火力最强大的潜艇，也是当时世界上最大的战术核潜艇，专门用来攻击航空母舰，曾被俄罗斯媒体誉为"航母终结者"。不幸的是，2000 年 8 月 12 日，"库尔斯克"号在巴伦支海域参加军事演习时发生爆炸并沉没，艇上的 118 名官兵全部罹难。

只要走进这个博物馆，俄罗斯武器装备的发展史尽收眼底！

库宾卡坦克博物馆——俄罗斯

库宾卡坦克博物馆位于莫斯科附近,是一座专门展出各国各时期坦克的军事博物馆。和其他博物馆不同的是,它坐落在大片野地里,走进去就能看到一些露天展品。

德国的"卡尔"600毫米口径自行迫击炮

"卡尔"600毫米口径自行迫击炮,赛过重型坦克,有人称它为"超级战车",只生产了6辆。库宾卡坦克博物馆馆藏的这门炮的名字叫亚当,参加过1942年强攻克里米亚半岛塞瓦斯托波尔要塞的炮击战。这也是世界上现存的唯一一门。

博物馆建于 1978 年，藏品包括 290 辆坦克，40 门自行火炮，30 辆装甲车以及 10 辆侦察车和指挥车，分布在 7 个大展厅里。

在苏联重型坦克展厅，有 T-35、IS-3M、IS-3、KV-85 等重型坦克，个个都是战场上的猛将。

苏联中型坦克展厅主要展示 T-55、T-34 等中型坦克和 SU-100 坦克歼击车。

苏联轻型坦克展厅里有 KS 轻型坦克、BT-2 快速坦克、T-27 微型坦克、T-37A 水陆坦克等小型坦克。

苏联装甲车和运输车是在露天展示的，有 BA-27M 装甲车、PB-4 水陆两栖装甲汽车、BTR-152K 指挥车、BRDM-1 侦察车等。

德国装甲车辆厅中都是在第二次世界大战中盟军缴获的战利品，比如猎豹坦克、灰熊突击炮、猎虎坦克歼击车等。

此外，英、美、日、法等国装甲车辆厅有英国制丘吉尔式坦克、黄蜂式坦克，美国制 M3A1 坦克、M24 坦克、M26 坦克，法国制 R35 坦克，戴姆勒 MK Ⅱ、MK Ⅲ 装甲车等，都是各国装甲车界的明星。

↓ 戴姆勒 MK Ⅲ 装甲车

快来一睹这些威名赫赫的武器的风采吧！

↑ M3A1 坦克

莫尼诺空军中央博物馆——俄罗斯

↑ M-25A 飞机发动机

莫尼诺空军中央博物馆位于莫斯科东边，是在原航天修理厂的基础上建成的，于 1958 年对外开放。

博物馆藏品丰富，是全世界最大的飞机博物馆之一，见证了俄罗斯的航天工业发展史。

博物馆共珍藏着 37000 多件展品，都是货真价实的飞机、直升机、滑翔机及其他各种设备。

博物馆分为室内展厅和室外展区。馆内展示着自苏联时期起的 173 架飞机、127 台发动机，以及空军武器、航天仪器、空军制服、艺术品等。馆内还有一座图书馆，展出与苏联航天有关的书籍、影片、照片。

↑ Mi-12 直升机

博物馆的两个世界之最

→ Tu-144 超音速客机

1. 有史以来最大的直升机：Mi-12 直升机
2. 世界上最先首飞的超音速民航客机：Tu-144 超音速客机

室外展区非常壮观，布置着苏联时期的各款经典飞机、直升机：Mi-12 直升机，An-22 重型军用运输机，La-15 战斗机，M-50 轰炸机，T-4 侦察机……让人大开眼界！

↑ T-4 侦察机

如果你是航空航天爱好者，这座博物馆绝不会让你失望！

中国人民革命军事博物馆——中国

↑天安门

中国人民革命军事博物馆位于北京天安门西面的长安街延长线上，是我国第一个大型综合性军事博物馆。

博物馆于1960年正式开放，建筑面积15.9万多平方米，陈列面积近6万平方米。主楼建筑高94.7米，两侧各4层。共收藏着超过16万件展品。

博物馆的由来

中国人民革命军事博物馆展览大楼于1958年10月开始兴建,是向国庆10周年献礼的首都十大建筑之一。大楼顶端的圆塔,托举着直径6米的镀金的中国人民解放军"八一"军徽。展馆铜门高达4.9米,是用福建前线参战部队送来的炮弹壳熔铸而成的。正门上方悬挂着"中国人民革命军事博物馆"铜底金字巨匾,是毛泽东同志亲笔题写的。大门两侧竖立着陆、海、空三军战士和男女民兵两组英姿勃勃的汉白玉石雕。建馆60年来,博物馆平均每年接待观众200余万人。2008年3月起免费开放后,观众人数更是成倍增长。2012年9月,展览大楼加固改造,2017年7月竣工。

全馆有43个陈列馆:

古代战争馆有1600多件展品,包括照片、模型、图表、绘画、蜡像、雕塑等。其中,西周薛师戟、春秋时期的竹弓、战国楚全戈、秦兵马俑、西汉兵俑、元至正辛卯铜火铳、环形壁画《华夏戎诗》、驷马三人战车模型、宋代城防和攻守城器械模型等都非常珍贵。

近代战争馆陈列有文物、历史照片、复原模型、沙盘、蜡像、景观等展品共计500多件。铸有铭文的太平天国火炮、左宗棠的印章、丁汝昌的战服、美制加特林机枪等都是著名的展品。

↑ 清朝兵书

↓ 414号英雄炮艇

土地革命战争馆的展厅宽敞高大,军服、枪、炮、望远镜、医疗用具、通信设备等文物结合历史照片和大型景观,非常生动。

走进抗日战争馆,游客会看到迫击炮、手枪、军衣等文物,还有《大刀向鬼子们的头上砍去》的雕塑、油画《百团大战》"地道战"景观,这些都是中华民族抗日战争史的见证。

全国解放战争馆除了枪炮等军事装备,《解放全中国》组雕、《五大书记》蜡像、《锦州战役》壁画等都值得一看。

新中国国防和军队建设馆主要展示新文物和新装备,比如雷锋日记、我国第一颗原子弹模型、99式坦克模型等。

抗美援朝战争馆通过战争遗物、雕塑、油画等,展示了志愿军抗美援朝战争的历史。

←红军长征雕塑

兵器馆的人气最旺，陈列着世界上 20 多个国家生产的近 2000 件武器，有手枪、步枪、冲锋枪、军刀、火炮、装甲车、导弹、舰船和飞机等，就像来到了兵器王国。

中国人民解放军对外交往友谊馆和军事艺术馆的礼品和艺术品也大有看头哟！

珍贵的藏品

→镇远舰铁锚

在博物馆的文物和藏品中，包括国家一级文物 1793 件，大型武器装备 250 余件，艺术品 1600 余件，对外军事交往中受赠礼品 2551 件。其中铜鎏金弩机、镇远舰铁锚、叶挺指挥刀、38 式步枪等都具有重大的历史价值。

兵器馆之最

兵器馆陈列着许多人民解放军兵器史上的"第一"。比如人民解放军的第一辆坦克——"功臣"号坦克，人民解放军第一代地对地导弹——"东风"1 号导弹，中国自行生产的第一代喷气式歼击机——歼-5 歼击机，中国自行生产的第一代坦克——59 式中型坦克，中国自行生产的第一代地对空导弹——"红旗"2 号导弹等。

↑59 式中型坦克

←"功臣"号坦克

澳大利亚战争纪念馆——澳大利亚

澳大利亚战争纪念馆位于堪培拉格里芬湖的北面，是一栋青灰色的圆顶建筑，于1941年起对外开放。

进入纪念馆大门后，地面上有一个花岗岩砌成的长方形水池，水面有一盏长明灯。

纪念馆分两个大馆、20个展厅，每一个展厅内都陈列着一些和当时年代相符的枪、炮弹、战斗机、潜水艇等军事装备及军装、老照片，还有具体战事的模型、蜡像，同时辅以大量的文字和图片加以说明。

↑长明灯

纪念馆的由来

在历史上，澳大利亚本土几乎没有发生过战争，但澳大利亚的军队参加了第一次和第二次世界大战及朝鲜战争、越南战争等多场战争，先后约有10万人在战争中阵亡。澳大利亚战争纪念馆是为了让人们了解战争的残酷性、缅怀在战争中牺牲的将士而修建的。每年大约有100万人来这里参观。

纪念馆的一楼是烈士们的纪念地，两名身着第二次世界大战时期军装的士兵在门口守卫着。

走上二楼，只见走廊墙壁的黑云石纪念墙上，密密麻麻地刻满了在历次战争中阵亡的将士的名字，同时墙上插满了悼念者献上的红色罂粟花。

每年4月25日的澳新军团日和11月11日的休战纪念日，澳大利亚战争纪念馆都会举行纪念仪式，以此来表示对牺牲将士的无限崇敬、怀念和感谢。

↓展馆内部装饰

守护和平，是对战争最好的纪念！

←纪念墙

美国国家航空航天博物馆——美国

　　美国国家航空航天博物馆坐落在美国首都华盛顿特区，是世界上首屈一指的航空航天类博物馆。

　　博物馆1976年开馆，有24个展厅，展览面积达1.88万平方米，主要收藏飞行史上具有重要意义的各类飞机、火箭、导弹、宇宙飞船及著名飞行员、宇航员用过的器物。

　　博物馆的正厅命名为"飞行里程碑"，各种飞行器或悬吊在天花板下，或停放在大厅的地面上，有中国古代的风筝和火箭模型、莱特兄弟的"飞行者"1号飞机、"圣路易斯精神"号飞机、苏联制SS-20

型导弹、"先驱者"10号飞船、"阿波罗"11号返回舱、月球车,还有一块真正的月球石。

气球和飞行器展厅主要陈列反映早期飞行的气球和飞艇的模型,比如世界上第一个载人气球——蒙哥尔费兄弟制作的气球的复制品、齐柏林飞艇、"兴登堡"号飞艇等。

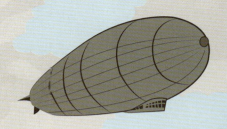

↑"兴登堡"号飞艇

美国空军国家博物馆

美国有好几家航空博物馆。其中,美国空军国家博物馆位于俄亥俄州代顿市,隶属于美国空军,成立于1923年,是世界上面积最大、最古老的军事航空博物馆之一。博物馆主体由3个巨大的弧形机库组成,分成几大主题展厅:早期航空、第二次世界大战时期、冷战时期、当代航空和一个附属的航天飞机和火箭展区。共展出了360多架飞机和一些洲际导弹。展品覆盖了从飞机发明到现代历次战争中的各类飞机,最著名的展品有P-61"黑寡妇"夜间战斗机、F-117隐形战斗机、B-2隐形轰炸机、F-22"猛禽"战斗机、XB-70"女武神"轰炸机等。

↑美国空军国家博物馆内部

在空间飞行器展厅里,有美国"阿波罗"号和苏联"联盟"号飞船实现对接的模型,"婚神星"号和"先锋"号火箭等。其中模拟的天空实验室允许游客进入内部参观,所以大受欢迎。

第二次世界大战展厅内珍藏着各种军用飞机,如美国的"野马"、日本的"零式"、德国的"梅塞施密特"、英国的"喷火"等。展厅内还有很多真人大小的王牌飞行员蜡像,足可以假乱真。

在火箭和导弹展厅,"丘比特-C""先锋"号、"侦察"号等火箭就像擎天柱一样耸立在大厅里,此外还有"土星"5号火箭模型,德国的V-1、V-2导弹等。

博物馆之最

1. 第一架载人飞机：莱特兄弟研制的"飞行者"1号模型
2. 第一次横渡大西洋的小型单翼飞机："圣路易斯精神"号
3. 人类第一个成功发射的液体燃料推进的火箭："戈达德"火箭
4. 苏联发射的第一颗人造地球卫星："斯普特尼克"1号
5. 美国的第一颗人造地球卫星："探险者"1号模型
6. 第一个飞离太阳系的飞船："先驱者"10号飞行器模型
7. 人类首次登月时使用的飞行器："阿波罗"11号指令舱
8. 人类历史上最大的飞行器："兴登堡"号飞艇模型
9. 美国第一个环绕地球的试验性航天站：天空实验室
10. 美国执行任务最多、将宇航员送入轨道人数最多的航天飞机："发现者"号航天飞机

↑莱特兄弟和"飞行者"1号

　　博物馆内的影院拥有一个超大的电影银幕，它宽23米，有5层楼那么高。在这里看电影别提有多震撼了！

　　走进以爱因斯坦命名的天文馆，新型天象仪显现的9000颗各种星球，以及星系、星云尤其逼真，让参观者仿佛置身于宇宙空间。

还等什么，快来亲身体验吧！

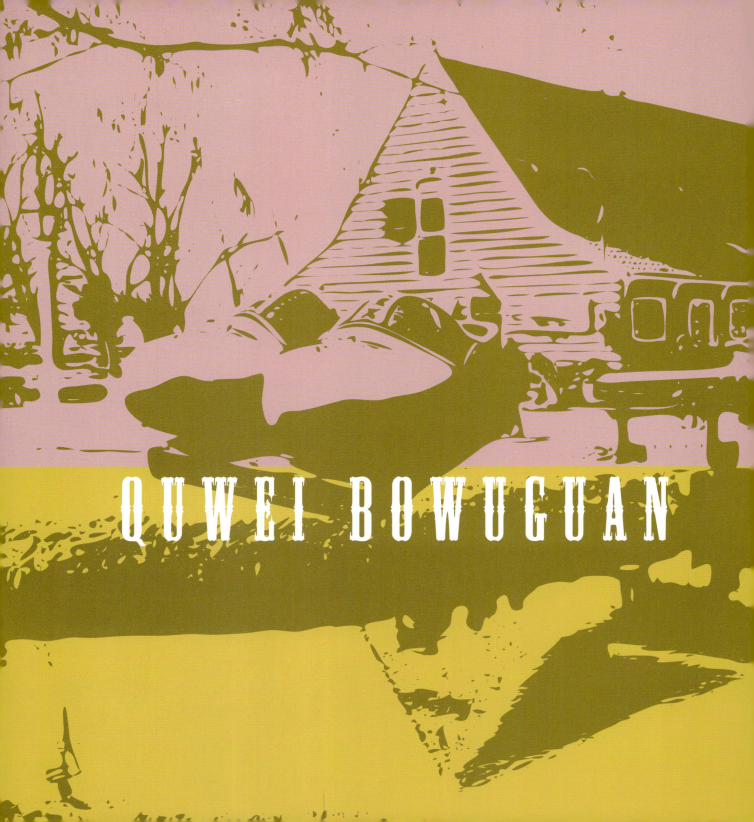

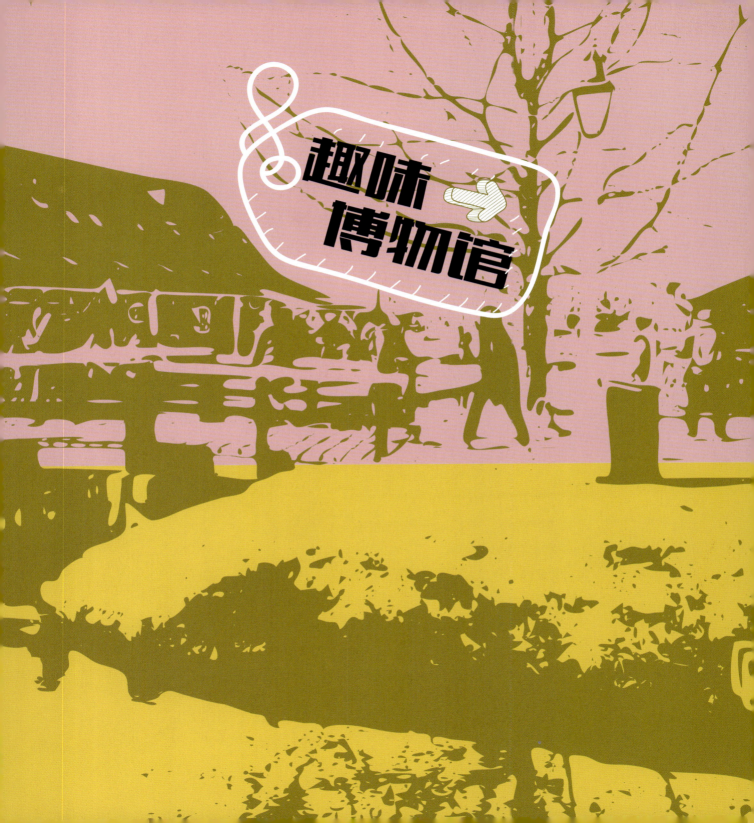

哥伦比亚黄金博物馆——哥伦比亚

在南美洲国家哥伦比亚的首都波哥大，有一个特别吸引人的地方，那就是全世界最大的黄金博物馆——哥伦比亚黄金博物馆。

这座博物馆总共有5万多件金器藏品，到处都金灿灿的。其中，有近3万件是印第安人的黄金艺术品，有耳环、鼻环、项链、别针、手镯、脚镯等首饰，也有壶、杯、碗、盆、碟、鱼钩、刀具、面具、香炉、神龛这样的生活用品，还有一些精美的装饰品。很多黄金制品上刻着鹿、鹰、蛇和蟾蜍等动物图案，还有的黄金上刻有人头像，显得古老而神秘。

在这些藏品中，金巴亚人之盆、铁拉登特罗人脸谱、金巴亚人猿像、穆依斯卡人的黄金船等都是无价之宝，它们大多是用微薄如纸的金箔或者细如发丝的金线制作而成的，技术高超极了。

←各种黄金展品

↑黄金船

快到这个黄金王国来大饱眼福吧！

博物馆的由来

哥伦比亚盛产黄金已经有几千年的历史了。从5世纪开始，当地的印第安人就喜欢用黄金作装饰品了。1939年，哥伦比亚国家银行把宝贵的黄金首饰、工艺品等收集起来，在波哥大圣坦德尔公园里创办了黄金博物馆。博物馆最初藏品只有14件，后来藏品越来越多，名气也越来越大。

↑ 博物馆藏品众多

黄金大厅

博物馆里最珍贵的黄金制品都存放在顶楼的一间密室里，这就是黄金大厅。这里警卫森严，游客们必须分批进去参观，每批不得超过20人。游客们刚走进大厅时，里面漆黑一片，随着耳边响起悦耳的印第安音乐，大厅里突然灯火通明，只见四周金光闪闪，玻璃柜里展示的大大小小的黄金珍品让人眼花缭乱，实在太震撼太好玩了！

坎昆水下雕塑博物馆——墨西哥

你有没有想过有一天会在海底参观博物馆呢？这个听起来有点离奇的想法，墨西哥人却把它变成了现实。

在墨西哥北部的坎昆岛附近，就有一座神奇的水下博物馆，叫坎昆水下雕塑博物馆，它也是世界上最大的水下博物馆。

这座博物馆创建于2009年，占地约420平方米，是由英国艺术家杰森·泰勒设计建造的，由400多尊真人大小的雕塑组成。这些雕塑造型各异，有渔夫、会计师、园丁、杂技演员……它们都是用生态混凝土制作而成的，海洋生物可以附着在表面，从而保护这里的生态环境。

拉美旅游胜地：坎昆

坎昆位于加勒比海北部，是墨西哥的旅游胜地。坎昆是一个长21千米、宽仅400米的狭长小岛，从高空俯瞰，它就像一条在清澈的海面上游动着的水蛇。坎昆岛风景秀丽，白色的沙滩细腻而柔软，是世界公认最美的十大海滩之一。

格林纳达水下雕塑公园

坎昆水下雕塑博物馆并非杰森·泰勒唯一的作品，格林纳达水下雕塑公园也是其作品。格林纳达是加勒比海地区的一个国家，格林纳达水下雕塑公园就藏在首都圣乔治南部的海底。这个公园创立于2006年，由500多件雕塑作品组成。每个雕像都是在陆地上雕刻好之后，运送并固定在海底的。这个雕塑公园被《国家地理》杂志列为"世界25大奇迹之一"。

如果你会潜水的话，可以背着呼吸器潜入海底，近距离观察雕塑群；至于不会潜水的游客，也可以坐在有玻璃底的船上观赏这座博物馆。雕塑四周长满了珊瑚和海藻，鱼群穿梭其中，太神奇了！

快来水下欣赏神奇的雕塑吧！

UFO 博物馆——美国

要是你对外星人感兴趣，那么有一个博物馆肯定能满足你的好奇心，它就是美国的 UFO 博物馆。

UFO 博物馆位于新墨西哥州的罗斯威尔市，隶属于美国 UFO 研究中心。博物馆建在一座废弃的电影院里，里面的装潢设施很简朴，但展品却大有来头。

在这儿，游客能看到关于 UFO 以及外星人的各类文档、影像资料、实物或模型，还有关于麦田怪圈、宇航员和外星人绑架事件的展品，为游客揭开外星人的神秘世界。

→外星人画

什么是 UFO

UFO 是不明飞行物（Unidentified Flying Object）的英文缩写，指不明来历、不明空间、不明结构、不明性质，但又飘浮、飞行在空中或太空的物体。人们普遍相信 UFO 是来自其他星球的太空船，上面搭载着神秘的外星人。世界各地有很多著名的 UFO 事件，比如 1947 年美国罗斯威尔的 UFO 坠毁事件，1991 年 7 月 11 日墨西哥城日全食时的不明飞行物，等等。

震惊世界的罗斯威尔事件

1947 年 7 月，一个不明飞行物坠毁在罗斯威尔市郊一座农场，美国军方获悉后，迅速封锁了事发现场。几天后，当地报纸发表了"空军在罗斯威尔农场发现坠落的飞碟"的消息，震惊世界。美国政府坚称那只是一个军方侦查气球，但人们还是普遍认为该飞行物是天外来客，上面的外星人被美军捕获。

↑ UFO 与外星人模型

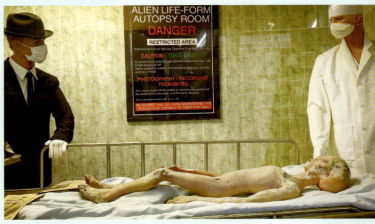

↑ 外星人僵尸仿制品

博物馆里有一个陈列物最受瞩目，那就是一具外星人僵尸仿制品，它躺在一张病床上，而病床又被罩在玻璃房中。这其实是一个电影道具，但看起来特别逼真。

每年 7 月的第一个周末，博物馆都会举办热闹的 UFO 节。这一天，除了关于外星人的讲座、科幻小说家论坛、外星人游行、外星人服饰比赛，还有很多大牌影星来奉场哟。

那么多的 UFO 在等你来探索哟！

国际间谍博物馆——美国

↓ FBI 总部大楼

说起世界上最神秘的职业,肯定非间谍莫属啦。在美国华盛顿,就有这么一座大受欢迎的博物馆——国际间谍博物馆。

这座博物馆于 2002 年开放,紧挨着大名鼎鼎的联邦调查局 FBI 总部大楼,由 5 座灰色方砖砌成的建筑物组成,总面积 5400 多平方米。

博物馆有 20 多间展厅,包括电影院、互动式展台、间谍用品展厅等,里面展出了 600 多件间谍工具和 900 多幅图片。

间谍学校

这家博物馆还给游客们提供了身临其境体验间谍生活的机会,那就是间谍学校。在这里,游客可以选择一个虚拟身份,参与互动式视频游戏,比如在规定时间内破解密码,辨认出接头地点,在某个看似平静的场合辨别出可疑的间谍活动,在人流中寻找经过伪装的间谍……另外,还有人教游客如何安装窃听器、如何乔装易容等,是不是很刺激呢?

看似普通实则精巧的间谍工具

有一些间谍使用的工具看似普通,其实里面暗藏玄机:一个空烟盒,一个树桩,一盆花,一本书,一个相框,都有可能是窃听器或者照相机,此外还有鸽子照相机、密码粉盒、皮鞋发射机等,也让人脑洞大开。

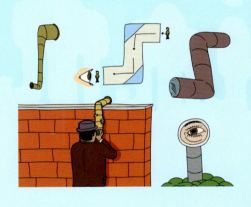

↓鸽子照相机

在这里,游客可以看到各种新奇的间谍工具,比如黑色钢笔样式的催泪枪,可以发射毒液的间谍雨伞,一次性打火机式样的微型发报机,可乐罐式的窃听器,各种纽扣式、戒指式、手表式、钢笔式照相机。最有名的要数一支口径只有4.5毫米的红色唇膏手枪,绰号"死亡之吻",这是克格勃女特工使用的防身手枪。

这座博物馆绝对能让所有对间谍感兴趣的人大开眼界!

信不信由你博物馆——美国

你能想到的最不可思议的事情是什么呢？来信不信由你博物馆看一看，绝对超乎你的想象！

位于纽约的信不信由你博物馆，全名是里普利信不信由你奇趣博物馆。博物馆里收集了世界上各个地方的奇人逸事怪谈。你在博物馆的各个地方都能发现奇特无比的东西。

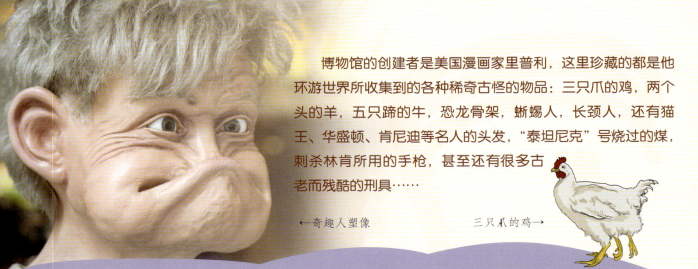

博物馆的创建者是美国漫画家里普利，这里珍藏的都是他环游世界所收集到的各种稀奇古怪的物品：三只爪的鸡，两个头的羊，五只蹄的牛，恐龙骨架，蜥蜴人，长颈人，还有猫王、华盛顿、肯尼迪等名人的头发，"泰坦尼克"号烧过的煤，刺杀林肯所用的手枪，甚至还有很多古老而残酷的刑具……

←奇趣人塑像　　　三只爪的鸡→

这真是一个不可思议、充满神奇的地方！

济州岛信不信由你博物馆

信不信由你博物馆在世界多个国家都设有分馆，如韩国济州岛、泰国芭提雅、英国伦敦等。以济州岛上的信不信由你博物馆为例，这里收藏着700多件奇妙的展品，从火星上飞来的陨石块，到柏林墙砖，从头上长角的人，到木乃伊、美人鱼，全是让人不可思议的东西。

康宁玻璃博物馆——美国

　　美国东部纽约州古朴宁静的康宁小城，这里有全球最大的玻璃收藏博物馆——康宁玻璃博物馆。

　　博物馆建于1951年，是特殊玻璃和陶瓷材料行业的龙头——康宁公司建造的。玻璃博物馆展示了玻璃制造业的发展历史，玻璃技术的创新、开发过程，让游客了解玻璃在光学、电信、医学、电气等领域被广泛应用。

　　博物馆有3层，不同展室陈列着各种各样古典以及现代的玻璃制品。博物馆收集了距今超过3500年的玻璃制品，包括一个古埃及法老的玻璃模型，文艺复兴时期的美丽艺术品，直至当代艺术家的作品。参观者还可以在玻璃革新中心一探发明家如何改变世界的玻璃工艺。

　　博物馆里既有露天也有室内的吹制玻璃表演，技师从玻璃熔化、加热到焙烧，用2400摄

玻璃的由来

世界上关于玻璃的起源有两个传说：一是3000多年前，地中海沿岸的贝鲁斯河旁，有一块美丽的沙滩。一天，有一艘商船载着大块的天然苏打经过这里。他们在河滩上休整时，用几块天然苏打支着锅做饭。沙滩上含有石英砂，结果在船员烧火做饭的时候，支着锅的苏打在高温下和石英砂发生化学反应，就变成了玻璃。

二是据说五六千年前，古埃及一位制造陶器的工匠，有一次从窑中取出陶盆时，看到陶盆里有一块亮晶晶的东西。这位聪明而细心的工匠分析陶土里的成分，一次次试验烧制，终于搞清了这亮晶晶的东西是由沙子和苏打混合物烧成的，也就是后来的玻璃。

↑举行活动

↑玻璃制成的国际象棋

氏度的高温炉，经过吹、拉、粘等20多道工序，直到作品完成。毫无经验的游客还有机会在技师的指导下亲手制作玻璃，十分有成就感。

快来用科学技术点亮你对玻璃的想法，激发你的想象力吧！

科隆巧克力博物馆——德国

如果说世界上有博物馆是又香又甜的，那么肯定要提巧克力博物馆啦。在德国科隆，就有一座举世闻名的巧克力博物馆。

这座博物馆位于科隆大教堂附近，是德国著名的巧克力制造商施多威克投资兴建的，1993年开始营业。

这里有近2000件展品，有老式的可可脂压榨机，各种巧克力模具，糖、可可脂、香料等制作巧克力需要的配料，老式巧克力贩卖机，世界巧克力贸易地图，还有关于巧克力的老海报，五彩缤纷

↑老式巧克力贩卖机

巴塞罗那巧克力博物馆

在西班牙的巴塞罗那,也有一座著名的巧克力博物馆。这是一座私人博物馆,2000年对外开放后,一直大受欢迎。里面最有名的展品是巧克力雕塑,从巴塞罗那大教堂、西班牙城堡、诺坎普体育场,到幸运的卢克、海绵宝宝、堂吉诃德、斗牛士,还有火车、风车,各种题材应有尽有,做得特别逼真。另外,博物馆还讲述了可可的历史、巧克力的历史、巧克力的不同制作方法和制作过程,让我们既能吃到美味的巧克力,又能增长见识。

↑巴塞罗那巧克力博物馆展品——堂吉诃德

←巧克力喷泉

的巧克力包装,以及各种造型的巧克力雕塑。展品中最耀眼的是一座金色的巧克力喷泉,这是博物馆的标志。

最让人惊喜的是,博物馆里就有一座小型加工厂,它可是能够生产出巧克力的真正的生产线。要是你觉得不过瘾,还可以报名参加巧克力制作课,亲手做一块美味的巧克力。

↑现场制作巧克力

相信这座博物馆绝对会让你欢呼雀跃!

彼得森汽车博物馆——美国

↓捷豹 XKSS 汽车

彼得森汽车博物馆位于美国加利福尼亚州洛杉矶市，以其展出的历史上的著名豪华汽车而出名。

博物馆展厅面积达 30 万平方米，共分为 4 层，常年都有展览。第一层运用各种仿真模型展示汽车的发展史；第二层分成 5 部分展示赛车、经典车、改装高速车、摩托车、名人名车，以及汽车技术和设计；第三层设有"欢乐家庭儿童探索中心"，以汽车为平台，通过各种参与性的活动来激发孩子对科学技术的兴趣；第四层则是专为企业或个人开辟的会议中心和休闲区。

彼得森汽车博物馆收藏了不同时期和不同类型的汽车，最具收藏价值的赛车、最具开拓意义和艺术感觉的老爷车、家喻户晓的好莱坞电影道具车、价值连城的摩托车，以及介于设想和现实之间的概念车等，应有尽有。在荧幕里才会出现的名车，在这里都可以一一找到。

博物馆从一开始就对展车的选择很重视，并期望为参观者带来更好的体验。博物馆中著名的"街景"采用完全的建筑元素，将车辆融入周围环境中，使游客沉浸到博物馆所讲述的故事中去。

↑本田50摩托车

↑法拉利599G70汽车

这里简直是爱车一族的天堂，车迷必看！

博物馆的由来

博物馆的建筑最初由世界知名建筑师韦尔顿·贝克特设计，于1962年被改造为一家百货公司。1986年百货公司关闭后，建筑空置了约6年。后来罗伯特·E.彼得森无意中发现了它，认为这里适合做博物馆，因此于1994年投入了大约3000万美元用以创建彼得森汽车博物馆。2015年博物馆又由国际大牌建筑设计公司KPF重新设计，建筑由外银内红的308条波浪形不锈钢金属板包裹，每条各异，都经过了单独的设计。当夜晚灯光亮起后，整座建筑就像有着巨大能量的随时待发的超级发动机，给人以强烈的速度感。

杜莎夫人蜡像馆——英国

你想和世界名人齐聚一堂的话，那就到杜莎夫人蜡像馆来看看吧！

杜莎夫人蜡像馆最早是由杜莎夫人在伦敦创建的，现在分馆已经遍布全世界，不过还是伦敦的这座名气最大。

这里的雕像都是用蜡做成的，杜莎夫人在1842年为自己制作的蜡像就放在入口处。

博物馆分为10个主题区域，囊括了各个领域、各个年代的名人：在英国皇室成员区，你可以看到维多利亚女王、伊丽莎白一世、戴安娜王妃；政界巨头区更是名人荟萃，有撒切尔夫人、特朗普、普京、曼德拉、甘地等；体育明星区都是像拳王阿里、博尔特、贝克汉姆这样的体育巨星；走进文化名人区，你会看到爱因斯坦、安徒生、莎士比亚、毕加索的身影；而在超级英

↓ 杜莎夫人蜡像

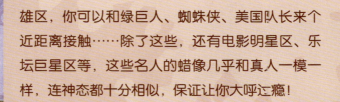

←伊丽莎白女王和亨利八世国王蜡像

雄区,你可以和绿巨人、蜘蛛侠、美国队长来个近距离接触……除了这些,还有电影明星区、乐坛巨星区等,这些名人的蜡像几乎和真人一模一样,连神态都十分相似,保证让你大呼过瘾!

美国队长蜡像→

哇,太像了,快来看看吧!

杜莎夫人的故事

杜莎夫人的一生非常坎坷。她生于法国,起初在擅长蜡塑的物理学家柯提斯家做女管家,并学会了蜡塑的工艺。1777年,她为伏尔泰创作了一尊蜡像,之后名声大噪,很多名人请她制作蜡像。1802年,杜莎夫人到了伦敦,带着蜡像巡回展出。1835年,她在伦敦贝克街建立了第一个蜡像馆。后来经过她和她的继承者的不断努力,又在世界各地开设了很多分馆。

恐怖屋

蜡像馆中最有趣、最著名的地方是恐怖屋,它位于地下室。这里面有可怕的断头台、绞刑架、电椅、尸首蜡像,也有法国大革命中的受害者以及各种各样的罪犯,比如"开膛手"杰克,此外还有人扮成各种"鬼"张牙舞爪地到处吓人。恐怖屋里的气氛令人毛骨悚然,如果胆子小,千万不要进去哟!

圣保罗足球博物馆——巴西

喜爱足球的话怎么能不了解巴西的足球和世界杯历史？那么最佳地点，无疑是位于巴西圣保罗的足球博物馆了。

足球博物馆位于帕坎布球场内，由整个一侧的看台改建而来。它建成于2008年，占地6900平方米，是目前全世界最大的足球博物馆之一。

博物馆分为17个展厅，主要包括介绍巴西足球发展史的踢球的贝利厅，陈列球迷物品的俱乐部厅，介绍著名球员的球员厅，被巴西人视为奇耻大辱的1950年世界杯厅等，还有为加林查和贝利单列的陈列室。

从1930年世界杯及之前的巴西联赛开始，太多的老照片、漫画、杂志封面、锦旗……挂满了走廊、展厅，浓缩了巴西足球百年间的精华。这里的重头展是球王贝利的140件私人展品，包括他的第1000粒进球。

除此之外，这家博物馆还设置了许多互动的游戏，有兴趣的话还可以在模拟器前面练练射门呢。

↑巴西著名球员

这是一家有深度又好玩的博物馆，快来呀！

什么是世界杯

世界杯是国际足联世界杯的简称，是世界上最高荣誉、最高规格、最高竞技水平、最高知名度的足球比赛。世界杯每4年举办一次，每一个国际足联（FIFA）会员国（地区）都可以参赛，分为预选赛阶段和决赛阶段，决赛阶段的名额现在是32个。巴西队是夺得这项荣誉最多的球队，共获得5次世界杯冠军，并且永久地保留了前任世界杯雷米特杯。现在的世界杯是大力神杯。

↑大力神杯

木鞋博物馆——荷兰

荷兰是一个美丽的国度,这个国家有"三宝",那就是风车、木鞋和郁金香。在著名的赞斯安斯风车村里,有一个人气很旺的木鞋博物馆。

这是一座一层楼的欧式农舍,门前摆放着一只4米多长的黄色船形木鞋,是由一整根木头做成的,号称世界上最大的木鞋。

展馆里收藏着数百双国内外手工和机器制作的各类木鞋,木鞋上的图案色彩缤纷,木鞋的型号也大小悬殊,最小的微型木鞋一个火柴盒里能放12双,最大的巨型木鞋如同一艘能乘几十人的木船。

博物馆设有十几个专柜,展出了近百年来世界各国元首、政要、王室成员赠送给荷兰的木鞋,每一双都很精美。

←现场制作木鞋

博物馆还有专门生产木鞋的作坊区。在摆满工具、木料的操作台有人一边制作木鞋,一边讲解木鞋的历史和文化。

这里还有专门的木鞋纪念品出售,比如做成钥匙扣、开瓶器、冰箱贴的木鞋,各种木鞋纪念章等。

想了解木鞋文化的话,就来参观吧!

木鞋文化

木鞋是荷兰的"国粹",是最具民族特色的工艺品,也是民族风俗文化的缩影。在荷兰,婴儿出生后,父母都会为孩子准备一双小木鞋;木鞋还是荷兰人必备的订婚礼品;对尊贵的朋友,荷兰人也会选择送一双合脚的木鞋表达情谊。

施华洛世奇水晶博物馆——奥地利

水晶晶莹剔透，光彩夺目，是一种非常受欢迎的装饰品。在奥地利的因斯布鲁克，有一座全世界最大、最著名的水晶博物馆——施华洛世奇水晶博物馆。

博物馆建于1995年，入口处的喷泉巨人双眼闪烁着光芒，瀑布从巨人口中泻下，成为整个展馆有趣的风景之一，而入口就在喷泉巨人的两肩。

博物馆的大堂有一面高11米、宽42米、世界上现存的最大的水晶墙，是用12吨水晶石做成的，璀璨夺目。

↑展馆内部

镇馆之宝——"世纪水晶"

施华洛世奇生产的都是人造水晶制品，不是纯天然的，以切割工艺和设计而出名。在所有的水晶展品中，最耀眼的就要数"世纪水晶"了，它重达30万克拉，有着100个切面，是目前全世界最大的人工切割水晶。而在"世纪水晶"的对面，还摆放着一枚世界上最小的人工切割水晶，它的直径只有8毫米，只有一粒大米那么大，但有17个切面。

↑水晶帝国大厦

第一个展馆是水晶行星,只见黑漆漆的天花板上布满了耀眼的水晶,就像群星闪耀的夜空。后面还有水晶大教堂、水晶帝国大厦、水晶万花筒、水晶雕像、水晶走廊、水晶书法、水晶森林等主题展馆,包含各种造型的项链、耳环、手链、吊灯,以及诸如胡夫金字塔、Hello Kitty、中国龙、鸳鸯等水晶工艺品……

快到这个梦幻般的水晶世界体验一下吧!

摩纳哥海洋博物馆——摩纳哥

摩纳哥海洋博物馆是世界上最古老，也是最大的海洋博物馆，拥有丰富而有趣的海洋收藏品。这是一座白色的石头建筑，耸立在临海的断崖上，建于1910年，共有4个展厅。

来到海洋动物展厅，游客会看到大厅正中耸立着抹香鲸和虎鲸的骨架，还有各种海兽和海龟的骨骼标本，陈列架上的玻璃缸里有很多浅海动物标本，如虾、蟹、海星、牡蛎、海葵等。

在海洋器具展厅，游客会看到各种渔具和捕捞工具，比如渔网、浮标，还有深水测量仪、测温计等。

实用海洋展厅的玻璃柜里陈列的都是和人类的生活相关的鱼类、海兽、海鸟、软体动物、藻类等。

↑跟海洋有关的动物的标本与骨骼标本

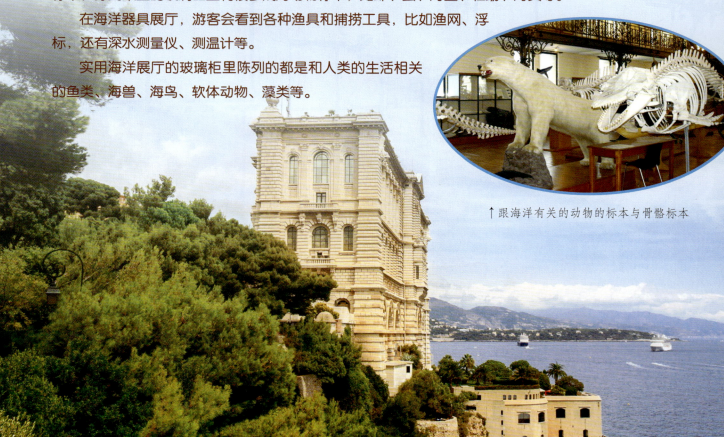

↑ 各种鱼类展品

走进地下室的水族展厅,就像来到了海底世界,大大小小的鱼缸里养着千奇百怪的海洋生物,从大章鱼、海鳝、玳瑁、小丑鱼,到水母、海葵、海百合,让人大开眼界。

快到神秘的海洋博物馆来探险吧!

袖珍国摩纳哥

摩纳哥位于法国东南部的地中海沿岸,国土面积只有1.98平方千米,除了靠着地中海的南部海岸线之外,全境都由法国包围,是世界上少有的"国中国"之一。它是仅次于梵蒂冈的世界第二小的国家。摩纳哥虽然面积小,但是它经济发达,既有中世纪风格的街道和皇宫,也有著名的大赌场和豪华酒店,还有热带植物园和海洋博物馆。

阿贝尔一世

摩纳哥海洋博物馆是摩纳哥亲王阿贝尔一世主持修建的。阿贝尔一世热爱海洋,并着力于探索海洋的奥秘,他曾带领一批科学家乘坐"燕子"号和"艾丽莎一世"号进行过多次考察,搜集了大量海洋动植物标本,被誉为海洋科学的创始人之一。

济州岛 HELLO KITTY ISLAND——韩国

2013年12月开始对外开放的 HELLO KITTY ISLAND 位于韩国济州岛西归浦市,也可叫作 Hello Kitty 博物馆或主题公园,这里铺天盖地尽是粉红色的城堡、公主裙,以及主角 Kitty 猫,让人流连忘返。

Hello Kitty 主题公园共3层。一层是 Kitty 历史馆、Kitty 的家和 Kitty 的学校。Kitty 历史馆展示了 Kitty 40 多年来的成长过程,从 1974 年诞生的身穿蓝色吊带裤,头扎红蝴蝶结的初代 Kitty 到 2013 年的爱丽丝 Kitty,应有尽有。

Hello Kitty 小档案

英文名:Hello Kitty

中文名:凯蒂猫

性别:女

生日:1974年11月1日

国籍:英国

身高:5个苹果高

体重:3个苹果重

家庭成员:妈妈,爸爸,双胞妹妹

性格:开朗活泼,温柔热心,调皮可爱,喜欢交朋友

专长:网球,钢琴

最喜欢的事物:听童话故事,收集各式各样美丽可爱的小装饰品,和许多好朋友一起到公园或森林去玩

未来的愿望:长大后当一个伟大的诗人和钢琴家

　　Kitty的家是一栋两层的红顶白色小屋,所有的家具、家居用品都印有Kitty标识。Kitty的学校前停靠着Kitty每天上学乘坐的红色巴士,校园内有魔法图书馆、美术教室、音乐课堂等。

　　在以森林、大海、星空为主题的二层乐园中,Kitty带领游客进入她的各种魔幻旅途。这里展示了身着27个国家传统服饰的Kitty、12星座Kitty等难得一见的Kitty系列玩偶。二层还设有游乐区,孩子们可以在里面尽情玩耍。

　　影院位于三层,在这里不仅可以欣赏到Kitty的3D卡通电影,更能一起互动体验,十分美妙。在这里参观,拍照留念,参加各种体验活动,然后在咖啡馆里喝一杯醇香的咖啡,真是太惬意了!

Hello Kitty在向你招手,快来和她一起玩呀!

潍坊世界风筝博物馆——中国

潍坊是我国的"风筝之乡",世界上最大的风筝博物馆——潍坊世界风筝博物馆就坐落在这里。

它建于1987年,建筑面积8100平方米。建筑造型模仿潍坊龙头蜈蚣风筝,屋脊是一条完整的组合陶瓷巨龙,屋顶用孔雀蓝琉璃瓦铺成,像一条巨龙遨游长空。

馆内有大小展厅8个,藏品包括1000多只风筝精品和300多件翔实的风筝文物资料。

从公元前5世纪的鲁班风筝等古代风筝,到鹰、燕、蝴蝶、金鱼、蜈蚣、仙鹤童子、红楼十二钗等民间传统风筝;从宫灯、仕女等宫廷风筝,到一百单八

↑鹰风筝

→各种风筝展品

风筝的历史

风筝起源于中国，最早出现在春秋时期，已经有2000多年的历史了。相传墨子研究了3年，用木头制成了木鸟——"木鹞"，这就是中国最早的风筝。后来鲁班用竹子改进了风筝的材质。东汉时期，蔡伦改进造纸术后，坊间才开始用纸做风筝，称为"纸鸢"。隋唐时期，造纸业发达，民间普遍用纸来裱糊风筝。到了宋代，放风筝就成了人们喜爱的户外活动，一直到如今。

将人物、百米长的龙头蜈蚣等创新风筝，还有五花八门的国外风筝精品，比如瑞典的火柴盒风筝，澳大利亚的三叶风筝，美国的三角风筝，日本的脸谱风筝……让人眼花缭乱。

博物馆里不但有民间艺人现场制作风筝，还贴心地为游客准备了各种材料和工具，让游客能亲自体验扎制风筝的乐趣。

快到这个风筝王国玩个够吧！